중고등학생을 위한

표준 한국어
익힘책

국립국어원 기획·심혜령 외 집필

의사소통

2

마리북스

발간사

　국립국어원에서는 교육부 2012년 '한국어 교육과정' 고시에 따라 교육과정을 반영한 학교급별 교재 개발을 진행하였습니다. 이어서 2017년 9월에 '한국어 교육과정'이 개정·고시(교육부 고시 제2017-131호)됨에 따라 2017년에 한국어(KSL) 교재 개발 기초 연구를 수행하였습니다. 그 연구 결과를 바탕으로 초등학교 교재 11권, 중고등학교 교재 6권을 개발하여 2019년 2월에 출판하였습니다.

　교재에 이어서 학교 현장에서 다문화가정 학생들의 한국어 의사소통 및 학습 능력을 기르는 데 보탬이 되고자 익힘책을 개발하게 되었습니다. 교재와의 연계성을 높인 내용으로 구성하여 말 그대로 익힘책을 통해 한국어를 더 잘 익힐 수 있도록 노력하였습니다. 더불어 익힘책의 내용을 추가 반영한 지도서를 함께 출판하여 현장에서 애쓰시는 일선 학교 담당자들과 선생님들에게도 교재 사용의 길라잡이를 제공하고자 하였습니다.

　'다문화'라는 말이 더 이상 낯설지 않은 한국 사회에서 다문화가정 학생들이 한국 사회 구성원으로서의 정체성 함양에 밑거름이 되는 한국어 능력을 기르는 데 《중고등학생을 위한 표준 한국어》가 도움이 되기를 바랍니다. 국립국어원에서는 이제껏 그래왔듯이 교재 개발 결과가 현장에서 보다 잘 활용될 수 있도록 돕기 위하여 교재 개발은 물론, 교원 연수 등을 통해 지속적으로 다문화가정 학생들의 한국어 능력 향상을 위해 노력하겠습니다.

　끝으로 3년간 《중고등학생을 위한 표준 한국어》 교재와 익힘책, 지도서의 개발과 발간을 위해 애써 주신 교재 개발진과 출판사에 깊은 감사의 말씀을 드립니다.

2020년 1월
국립국어원장　소강춘

이제 한국은 경제, 사회, 문화 등 다양한 측면에서 국제화 시대를 선도하는 성공적인 글로벌 국가로 성장하였습니다. 이러한 대외적 글로벌화의 성공과 더불어 내부적으로도 본격적인 다문화 사회로의 전환 시대를 맞이하였습니다. 국제결혼, 근로 이민, 장단기 유학, 나아가 전향적 방향에서의 재외 동포 교류, 새터민 유입 등의 여러 가지 요인에 의해 지금까지의 민족 공동체, 문화 공동체, 국가 공동체의 개념을 뛰어넘는 한반도 내 삶의 공동체 시대를 살아가게 된 것입니다.

다양한 다문화 구성원들과 어떻게 조화롭고 공정하게 삶의 공동체를 꾸려 갈 것인가? 이것이 중요한 우리의 과제가 되고 있는 이때, 특히 다문화 배경을 가진 학령기 청소년, 이른바 KSL 학습자들은 우리 사회의 건강한 미래를 책임지게 될 것이라는 점에서 그들에 대한 모두의 관심과 배려가 더욱 필요합니다.

다행히 우리 사회는 이 부분에 있어 사회적 공감과 정책적 구체화에 일찌감치 눈을 떠 2017년 KSL 학습자의 언어, 문화, 학습의 특수성을 고려한 개정 '한국어 교육과정'을 마련하였고 그 교육과정의 구체적 구현을 위해 노력해 오고 있습니다. 특히 2018년에는 교육 현장의 다양성을 고려한 모듈형 교재가 새롭게 개발되었습니다. 이 교재는 학습자와 교육 현장의 개별성에 맞게 활용할 수 있는 확장성과 활용성을 높인 '개별 교육 현장 적합형 모듈 교재'로서 현재 다양한 교육 현장에서 학생 맞춤형의 교육에 활용되고 있습니다.

그리고 이제 이러한 현장 적합형 모듈 교재를 그 취지와 현장의 개별성에 맞추어 효율적으로 사용하는 데에 도움을 주기 위한 목적으로 KSL 한국어 학습과 연습을 위한 《중고등학생을 위한 표준 한국어 익힘책》이 개발되어 교육 현장에서 활용 가능하게 되었습니다.

이 익힘책은, 교재가 의사소통을 위한 교재와 학습을 위한 교재로 나뉘어 있는 만큼 각각 〈의사소통 한국어 익힘책〉과 〈학습 도구 한국어 익힘책〉의 두 가지 유형으로 개발하였습니다. 특히 〈의사소통 한국어 익힘책〉은 단계별로 학습한 내용을 충실히 연습하게 하는 것은 물론이고, 현장마다의 특수성에 따라 모듈화하여 활용하게 한 모듈 교재의 적절한 활용을 위해 특정 단계 학습 전 자가 진단이 가능하도록 자가 진단의 익힘 문제들을 따로 구성하였습니다. 이를 통해 교육과 학습의 적절성 및 편의성을 도모하고자 하였습니다. 뿐만 아니라 단원별로 학습하고 연습한 내용을 권당 한 회씩 등급별로 종합하여 재복습할 수 있게 함으로써 의사소통 능력 향상의 실제화를 꾀하였습니다.

〈학습 도구 한국어 익힘책〉은 학령별 특성을 감안하여 중학생용과 고등학생용으로 나누어 개발하였습니다. 그래서 다문화 배경을 가진 중학생과 고등학생이 학업을 수행하기 위해 요구되는 기본적인 학습 기능을 복습하고, 학습한 교재의 내용을 충분히 연습할 수 있도록 하였습니다. 뿐만 아니라, 학교생활에 필요한 학습 기능을 다양한 학습 활동에서 응용하여 익힐 수 있도록 연계성을 높여 구성하였습니다.

이렇듯 익힘책은 《표준 한국어》 교재가 가진 효율성을 극대화하고 더 나아가 교재가 가진 현실적 한계를 극복하여 보충, 심화 교육 자료로서의 역할도 담당하게 될 것입니다. 이 익힘책이 교육 현장에서 적극적으로 활용될 수 있기를 기대합니다.

다문화 배경의 학령기 청소년이 자신의 언어적, 학습적 특성에 맞게 〈의사소통 한국어〉와 〈학습 도구 한국어〉를 효율적으로 학습하는 데에 도움을 주고자 진행된 이번 익힘책 개발은 여러 기관과 많은 관계자들의 지원과 노력이 없이는 불가능했습니다. 우선 이 새로운 방식의 익힘책이 완성되기까지 지지와 지원을 아끼지 않으신 교육부와 국립국어원 관계자 여러분께 깊이 감사드립니다. 또한 새 시대에 맞는 새 교재가 보다 효율적으로 사용될 수 있도록 새로운 익힘책을 만들어 보자는 의지와 열정으로 익힘책 집필에 노력을 다 바쳐 온 집필진 모두에게 진심에서 우러나오는 감사를 드립니다. 더불어 시대의 흐름과 청소년 학습자 선호도에 맞춘 편집과 삽화 등으로 교재에 이어 익힘책의 새로운 방향을 마련해 주신 마리북스 출판사에도 감사의 말씀을 드립니다.

이 교재 집필진 및 관계자와 이 사회 구성원 모두의 지지와 염원이 담긴 본 익힘책이 KSL 학습자의 특수성에 부합되고 필요성을 충족시키면서 보충과 심화의 교육 기능까지도 담당하여, 생활과 학업에서 성취를 이루는 데에 기여할 수 있기를 희망합니다.

2020년 1월
저자 대표 심혜령

일러두기

《중고등학생을 위한 표준 한국어 익힘책》(의사소통 2)는 다문화 배경을 가진 청소년 학습자들이 일상생활과 학교생활에서 필요한 초급 수준의 한국어를 교재에서 학습한 후 교재의 내용을 충분히 연습할 수 있도록 교재와의 연계성을 높여 구성하였다. 초급 학습자가 해당 권을 학습하기 전 한국어 실력을 확인해 보는 '자가 확인' 단원을 1개 두었으며, 본교재의 단원과 동일한 주제를 가지고 본교재에서 배운 내용을 익힐 수 있도록 하는 익힘 단원을 8개 두었다. 또한 교재 2권의 내용 전체를 종합적으로 연습해 볼 수 있는 '종합 연습' 단원을 1개 두어 총 10개 단원으로 구성하였다.

● **'자가 확인'**은 해당하는 교재 각 권을 학습하기 전에 학습자가 그 해당 교재를 학습할 수준이 되는지를 확인하는 문제들로 이루어져 있는데, 그 문제의 난이도는 학습할 해당 교재보다 한 단계 낮은 수준으로 구성하였다. 총 20문제(어휘 8문제, 문법 8문제, 읽기 4문제)로 구성하였으며, 문제 뒤에는 마지막으로 자가 확인 문제에서 제시된 어휘와 문법을 재확인해 보는 자가 확인표를 제시하였다.

● **'종합 연습'**은 각 권의 교재에서 목표로 하는 수준 정도의 학습 성취를 이루었는지 확인하며 종합적으로 연습해 볼 수 있도록 내용을 구성하였다. 총 20문제(어휘 8문제, 문법 8문제, 듣기와 읽기 4문제)로 구성하였으며, 교재의 '꼭 배워요'에서 학습한 어휘와 문법, '더 배워요'에 제시된 대화문과 읽기 지문을 활용하여 문제를 구성하였다.

〈교재 활용 정보〉
● 학습자 스스로 학습해야 할 내용에 대한 이해를 돕는 다양한 보충 문제를 연습할 수 있다.
● 교사는 교육 현장의 특성(학습자의 요구, 교육 시간, 학급 운영 상황 등)에 맞게 자료를 선택적으로 사용할 수 있다.

〈단원 구성〉

각 단원은 '도입, 어휘와 표현, 문법, 마무리' 4개로 구성하였다.

〈단원별 구성 내용〉

1. 도입: 단원명 → 학습 목표 → 삽화 → 단원 학습 내용
2. 어휘와 표현: 어휘를 익혀요
3. 문법: 문법을 익혀요 1 → 문법을 익혀요 2 → 문법을 익혀요 3 → 문법을 익혀요 4
4. 마무리: 학습 일지 → 이삭줍기

〈도입〉

■ 도입에 단원명, 학습 목표, 단원 학습 내용을 명확하게 제시하였다.

〈어휘와 표현〉

어휘를 익혀요

■ 교재에서 제시된 주제 어휘 및 꾸러미 어휘를 잘 이해하고 사용할 수 있도록 연습 문제를 구성하였다.

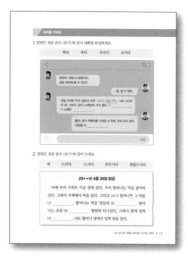

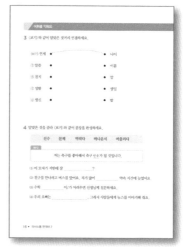

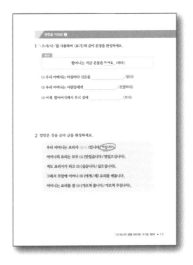

〈문법〉

문법을 익혀요

■ 각 단원에 제시된 문법 항목을 순서대로 연습할 수 있도록 '문법을 익혀요 1~4'로 제시하였다.

〈마무리〉

① 학습 일지

■ 학습한 어휘와 문법에 대해 학습자가 스스로 이해 여부를 확인할 수 있도록 체크리스트 작성 형식으로 구성하였다.

② 이삭줍기

■ 각 단원의 학습 주제에 부합하는 의성·의태어, 관용어, 속담 등을 제시하였다.

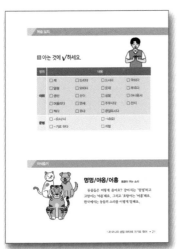

[1-2] 그림을 보고 알맞은 것을 고르세요. (각 4점)

1.    ① 연필   ② 가방   ③ 책상   ④ 지우개

2.   ① 버스   ② 택시   ③ 비행기   ④ 지하철

[3-4] 그림을 보고 <u>틀린</u> 것을 고르세요. (각 5점)

3.

     ① 병원   ② 서점   ③ 영화관   ④ 편의점

4.

     ① 위   ② 뒤   ③ 앞   ④ 아래

[5-8] 빈칸에 알맞은 것을 고르세요.

5. 백화점에서 친구를 _____. (5점)

     ① 사요   ② 만나요   ③ 읽어요   ④ 이야기해요

6. 사과는 한 _____에 얼마예요? (5점)

     ① 권   ② 개   ③ 명   ④ 병

7. 영화가 아주 _____ 또 보고 싶어요. (6점)

     ① 작아서   ② 뜨거워서   ③ 맛있어서   ④ 재미있어서

8. 수업 시간에 _____ 안 돼요. 그러니까 친구와 이야기하지 마세요. (6점)

     ① 떠들면   ② 정리하면   ③ 도와주면   ④출석하면

[9-12] 빈칸에 알맞은 것을 고르세요.

9. 마트에서 빵하고 우유___ 사요. (4점)

　① 가　　　　② 를　　　　③ 에　　　　④ 와

10. 어제는 아침 일곱 시에 _____. (4점)

　① 일어나요　② 일어났어요　③ 일어날 거예요　④ 일어나고 싶어요

11. 친구와 커피숍에서 주스를 _____ 이야기를 해요. (5점)

　① 마셔서　　② 마시러　　③ 마시면서　　④ 마시지만

12. 가: 도서관에서 음식을 먹어도 돼요? (5점)

　나: 아니요, 음식을 _____.

　① 먹으세요　② 먹어도 돼요　③ 먹으면 안 돼요　④ 먹을 수 있어요

[13-16] 밑줄 친 부분이 **틀린** 것을 고르세요.

13. ① 저는 도서관<u>에</u> 가요. (5점)
　② 동생은 학교<u>에</u> 있어요.
　③ 친구하고 운동장<u>에</u> 농구를 해요.
　④ 오늘은 마트<u>에</u> 손님이 많지 않아요.

14. ① 컴퓨터<u>가</u> 없어요. (5점)
　② 고등학생<u>이</u> 아니에요.
　③ 내일은 학교에 <u>가지</u> 않아요.
　④ 선생님의 전화번호를 <u>안 알아요</u>.

15. ① 값이 너무 <u>비싸서</u> 안 샀어요. (6점)
　② 수업이 <u>끝나면</u> 칠판을 닦으세요.
　③ 저는 식당에 <u>가러</u> 밥을 먹었어요.
　④ 형은 음악을 <u>듣고</u> 동생은 텔레비전을 봐요.

16. ① 제 친구는 여행을 <u>가고 싶어요</u>. (6점)

    ② 지금은 전화를 <u>받을 수 없어요</u>.

    ③ 여기에 쓰레기를 <u>버리지 마세요</u>.

    ④ 오늘은 게임을 <u>하지 않을 거예요</u>.

[17-18] 다음을 읽고 질문에 답하세요.

> 지난 주말에 가족들과 한강 공원에 갔어요. 집에서 ㉠ (   )
> 자동차로 30분 정도 걸렸어요. 우리 가족은 한강 공원에서 자전거를 타
> 고 김밥을 먹었어요. 아이스크림도 먹었어요. 그런데 제가 너무 많이
> 먹어서 배가 아팠어요. ㉡ (   ) 빨리 집에 돌아와야 했어요. 가족
> 들한테 미안했어요. 다음에 시간이 있으면 또 가고 싶어요.

17. ㉠에 들어갈 말을 고르세요. (6점)

    ① 공원에   ② 공원으로   ③ 공원까지   ④ 공원보다

18. ㉡에 들어갈 말을 고르세요. (4점)

    ① 하지만   ② 그래서   ③ 그리고   ④ 그러면

[19-20] 다음을 읽고 내용과 같으면 ○, 다르면 ✕ 하세요. (각 5점)

> 정호야, 내일 뭐 해? 나는 영수하고 학교 앞 분식집에 갈 거야. 그
> 분식집 떡볶이가 조금 맵지만 아주 맛있어. 거기에서 떡볶이를 먹으
> 면서 이야기를 할 거야. 너도 같이 갈 수 있으면 전화해 줘. _와니가

19. 학교 근처에 분식집이 있어요.   (   )

20. 이 분식집의 떡볶이는 맵지 않아요.   (   )

☑ 아는 것에 ✔하세요.

영역	내용			
어휘	☐ 가방	☐ 개	☐ 뒤	☐ 도와주다
	☐ 떠들다	☐ 뜨겁다	☐ 만나다	☐ 맛있다
	☐ 명	☐ 비행기	☐ 사다	☐ 서점
	☐ 아래	☐ 앞	☐ 영화관	☐ 이야기하다
	☐ 읽다	☐ 작다		
문법	☐ 이에요/예요	☐ 은/는		
	☐ 이/가 있다/없다	☐ 에 있다/없다		
	☐ 의	☐ 에 가다/오다		
	☐ 에서	☐ -으러/러		
	☐ -으면/면	☐ -고 싶다		
	☐ -지 않다	☐ 보다		
	☐ -을까(요)/ㄹ까(요)	☐ -지만		
	☐ -을/ㄹ 수 있다/없다	☐ -어서/아서/여서		
	☐ -어야/아야/여야 되다	☐ -어도/아도/여도 되다		
	☐ -으면/면 안 되다	☐ -으면서/면서		

1과 와니의 생일 파티에 가기로 했어

학습 목표

다른 사람을 칭찬할 수 있다.
다른 사람과 약속할 수 있다.

더 배워요(선택)
**다른 사람과
사이가 좋아요?**

꼭 배워요(필수)
**다른 사람과
약속을 해요.**

어휘	편지 문자 메시지 선물 초대장을 주다 초대장을 받다 초대하다
	약속 장소에 모이다 대화를 하다 사진을 찍다 노래를 부르다 춤을 추다 물놀이를 하다
	여쭤보다 말씀하시다 드리다 계시다 주무시다 편찮으시다 드시다 잡수시다
	말씀 생신 성함 연세 진지 께 아나운서 선수 문제 막히다 어울리다

문법	선생님 **오시**면 여쭤볼까?
	우리 담임 선생님은 안 계시**네요**.
	주말에 친구들하고 도서관에서 만나**기로 했어**.
	빵집 케이크**처럼** 예쁘네.

1. 알맞은 것을 골라 〈보기〉와 같이 대화를 완성하세요.

찍다	추다	부르다	모이다

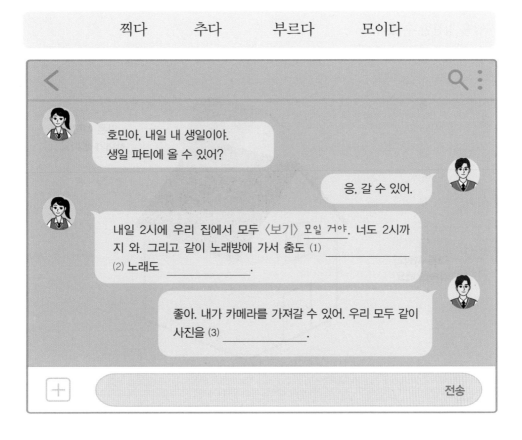

호민아, 내일 내 생일이야.
생일 파티에 올 수 있어?

응, 갈 수 있어.

내일 2시에 우리 집에서 모두 〈보기〉 모일 거야. 너도 2시까지 와. 그리고 같이 노래방에 가서 춤도 (1) _____
(2) 노래도 _____.

좋아. 내가 카메라를 가져갈 수 있어. 우리 모두 같이 사진을 (3) _____.

전송

2. 알맞은 것을 골라 〈보기〉와 같이 쓰세요.

께	드리다	드시다	주무시다	편찮으시다

20**년 4월 26일 맑음

　어제 우리 가족은 시골 집에 갔다. 우리 할머니는 떡을 좋아하신다. 그래서 가게에서 떡을 샀다. 그리고 〈보기〉 할머니께 그 떡을 (1) _____. 할머니는 떡을 맛있게 (2) _____. 할머니는 요즘 (3) _____ 병원에 다니신다. 그래서 밤에 일찍 (4) _____. 나도 할머니 옆에서 일찍 잠을 잤다.

3. 〈보기〉와 같이 알맞은 것끼리 연결하세요.

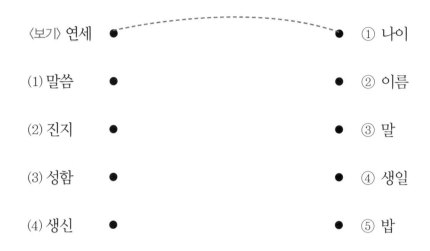

〈보기〉 연세	① 나이
(1) 말씀	② 이름
(2) 진지	③ 말
(3) 성함	④ 생일
(4) 생신	⑤ 밥

4. 알맞은 것을 골라 〈보기〉와 같이 문장을 완성하세요.

선수   문제   막히다   아나운서   어울리다

〈보기〉

저는 축구를 좋아해서 축구 선수가 될 것입니다.

(1) 이 모자가 저한테 잘 _____?

(2) 친구를 만나려고 버스를 탔어요. 차가 많이 _____ 약속 시간에 늦었어요.

(3) 수학 _____ 이/가 어려우면 선생님께 질문하세요.

(4) 우리 오빠는 _____. 그래서 사람들에게 뉴스를 이야기해 줘요.

1. '-으시/시-'를 사용하여 〈보기〉와 같이 문장을 완성하세요.

〈보기〉

> 할머니는 지금 운동을 <u>하세요</u>. (하다)

(1) 우리 아버지는 아침마다 신문을 _____. (읽다)

(2) 우리 어머니는 사람들에게 _____. (친절하다)

(3) 어제 할아버지께서 우리 집에 _____. (오다)

2. 알맞은 것을 골라 글을 완성하세요.

우리 어머니는 요리사 〈보기〉 (입니다/이십니다).

어머니의 요리는 모두 (1) (맛있습니다 / 맛있으십니다).

저도 요리사가 되고 (2) (싶습니다 / 싶으십니다).

그래서 주말에 어머니 (3) (에게 / 께) 요리를 배웁니다.

어머니는 요리를 잘 (4) (가르쳐 줍니다 / 가르쳐 주십니다).

1. '–네(요)'를 사용하여 〈보기〉와 같이 대화를 완성하세요.

> 〈보기〉
>
> 가: 지금 밖에 비가 와요.
>
> 나: 비가 정말 많이 <u>오네요</u>. (오다)

(1) 가: 이 옷 어때요?

　　나: 아주 잘 _____. (어울리다)

(2) 가: 이 떡볶이는 맛이 어때요?

　　나: 맛있지만 좀 _____. (맵다)

(3) 가: 한국어를 3개월 공부했어요.

　　나: 그래요? 그런데 참 _____. (잘하다)

2. 그림을 보고 '–네(요)'를 사용하여 〈보기〉와 같이 문장을 쓰세요.

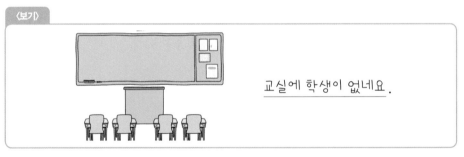

> 〈보기〉
>
> 교실에 학생이 없네요.

(1) _____ .

(2) _____ .

1. '-기로 하다'를 사용하여 〈보기〉와 같이 대화를 완성하세요.

〈보기〉

가: 오늘 오후에 같이 운동할까?

나: 미안해. 저녁에 친구를 <u>만나기로 했어</u>. (만나다)

(1) 가: 나나가 몇 시에 와?

나: 오후 3시에 _____. (오다)

(2) 가: 같이 저녁을 먹을래?

나: 미안해. 가족들과 같이 _____. (먹다)

(3) 가: 주말에 뭐 할 거야?

나: 영수하고 _____. (농구를 하다)

2. '-기로 하다'를 사용하여 〈보기〉와 같이 문장을 쓰세요.

〈보기〉	이번 주, 시험공부를 하다	이번 주에 시험공부를 하기로 했어요.
(1)	다음 달, 휴대 전화를 바꾸다	_____ _____.
(2)	방학, 수영을 배우다	_____ _____.
(3)	올해, 책을 많이 읽다	_____ _____.

1. '처럼'을 사용하여 〈보기〉와 같이 문장을 완성하세요.

> 〈보기〉
>
> 영수는 그림을 잘 그려요. 저도 <u>영수처럼</u> 그림을 잘 그려요.

(1) 호민이는 농구를 잘해요. 저도 _____ 농구를 잘하고 싶어요.

(2) 우리 학교는 운동장이 넓어요. 옆 학교는 _____ 운동장이 넓지 않아요.

(3) 우리 언니는 공부를 열심히 해요. 저도 _____ 공부를 열심히 할 거예요.

2. '처럼'을 사용하여 〈보기〉와 같이 문장을 완성하세요.

> 〈보기〉
>
> 나나는 꽃처럼 예뻐요.

(1) 우리 어머니는 _____ 친절하세요.

(2) 영수는 _____ 키가 커요.

(3) 내 동생은 _____ 귀여워요.

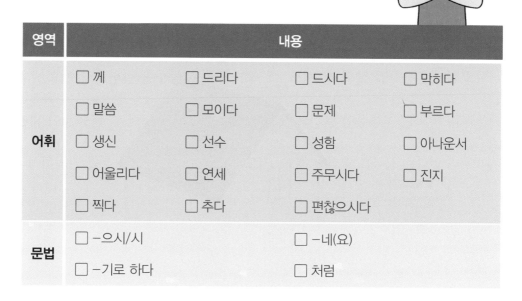

🗒 아는 것에 ✔하세요.

영역	내용			
어휘	☐ 께	☐ 드리다	☐ 드시다	☐ 막히다
	☐ 말씀	☐ 모이다	☐ 문제	☐ 부르다
	☐ 생신	☐ 선수	☐ 성함	☐ 아나운서
	☐ 어울리다	☐ 연세	☐ 주무시다	☐ 진지
	☐ 찍다	☐ 추다	☐ 편찮으시다	
문법	☐ -으시/시		☐ -네(요)	
	☐ -기로 하다		☐ 처럼	

이삭줍기

멍멍/야옹/어흥 동물이 우는 소리.

동물들은 어떻게 울어요? 강아지는 '멍멍' 하고 고양이는 '야옹' 해요. 그리고 '호랑이는 '어흥' 해요. 한국에서는 동물의 소리를 이렇게 말해요.

2과 시험 일정을 확인하고 공부 계획을 잘 세우면 돼

학습 목표

다른 사람에게 조언할 수 있다.
다른 사람에게 무엇을 설명할 수 있다.

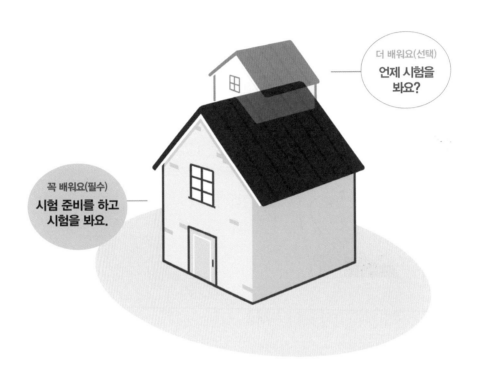

더 배워요(선택)
언제 시험을 봐요?

꼭 배워요(필수)
시험 준비를 하고 시험을 봐요.

어휘	중간고사 기말고사 시험 기간 시험 과목 시험 범위 교과서를 복습하다
	교과서를 예습하다 단어를 외우다 친구에게 물어보다 선생님께 질문하다
	자신이 없다 자신이 있다 걱정하다 시험지 답안지 문제를 풀다 정답을 고르다
	성적표를 받다 긴장하다 답이 맞다 답이 틀리다 성적이 나쁘다 성적이 좋다
	점수가 낮다 점수가 높다 시험공부 얘기 홈페이지 그냥 열심히 함께
	그만하다 세우다 확인하다 덥다 두껍다 춥다

문법	제일 잘하**는** 과목이 뭐야?	기말고사가 있**으니까** 그때 잘 보면 돼.
	시험지를 받**고** 이름을 써요.	우리 오늘 같이 시험공부를 **할래?**

1. 알맞은 것을 골라 〈보기〉와 같이 대화를 완성하세요.

| 풀다 | 외우다 | 시험지 | 복습하다 |

선생님, 기말고사를 잘 보고 싶어요. 어떻게 해야 돼요?

교과서 내용을 잘 알아야 돼요. 그러니까 수업 시간에 열심히 공부하고 집에서 다시 교과서를 〈보기〉 복습해야 해요. 그리고 새 단어를 배우면 단어를 꼭 (1) _____. 시험 시간에는 (2) _____을/를 잘 읽고 문제를 (3) _____.

2. 알맞은 것을 골라 〈보기〉와 같이 쓰세요.

| 자신 | 점수 | 성적표 | 걱정하다 |

20✱✱년 5월 21일 흐림

　　오늘 선생님께서 중간고사 〈보기〉 성적표를 나누어 주셨다. 나는 다른 과목보다 국어가 (1) _____이/가 없고 어렵다. 그래서 늘 국어 시험 (2) _____이/가 제일 낮았다. 이번에도 국어 성적이 좋지 않을 것 같아서 많이 (3) _____. 그런데 이번에는 국어 시험 성적이 좋았다. 기분이 정말 좋았다.

3. 〈보기〉와 같이 알맞은 것끼리 연결하세요.

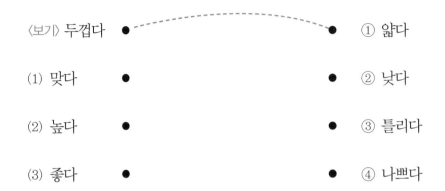

〈보기〉 두껍다 ●　──────　● ① 얇다

(1) 맞다 ●　　　　　● ② 낮다

(2) 높다 ●　　　　　● ③ 틀리다

(3) 좋다 ●　　　　　● ④ 나쁘다

4. 알맞은 것을 골라 〈보기〉와 같이 문장을 완성하세요.

| 얘기 | 함께 | 덥다 | 세우다 | 그만하다 |

〈보기〉

여름이 돼서 날씨가 너무 <u>더워요</u>.

(1) 이제 게임을 _____ 시험공부를 할 거예요.

(2) 어제 친구를 오랜만에 만나서 _____을/를 많이 했어요.

(3) 방학에는 그냥 시간을 보내면 안 돼요. 계획을 잘 _____.

(4) 이번 여름 방학 때 가족들과 _____ 제주도로 여행을 갈 거예요.

1. '-는/은/ㄴ'을 사용하여 〈보기〉와 같이 대화를 완성하세요.

<보기>

> 가: 이 수첩이 와니의 수첩입니까?
>
> 나: 아니요, 저기 작은 수첩이 와니의 수첩입니다. (작다)

(1) 가: 저 아이는 누구야?

　나: 나랑 제일 _____ 친구야. (친하다)

(2) 가: 너는 어떤 영화를 보고 싶어?

　나: 난 _____ 영화를 보고 싶어. (무섭다)

(3) 가: 제일 _____ 과목은 뭐야? (좋아하다)

　나: 저는 국어를 제일 좋아해요.

2. '-는/은/ㄴ'을 사용하여 〈보기〉와 같이 문장을 쓰세요.

<보기>

> 떡볶이가 맛있어요, 떡볶이를 먹어요 → 맛있는 떡볶이를 먹어요.

(1) 짐이 무거워요, 짐을 들어요 → _____.

(2) 문제가 어려워요, 문제를 풀어요 → _____.

1. '-으니까/니까'를 사용하여 〈보기〉와 같이 문장을 완성하세요.

> 〈보기〉
>
> 내일 시험이 <u>있으니까</u> 늦게까지 공부해야 해요. (있다)

(1) 배가 _____ 밥을 먹으러 갈까요? (고프다)

(2) 지금 비가 _____ 빨리 창문을 닫으세요. (오다)

(3) 오늘 날씨가 _____ 공원에 가서 산책을 하자. (좋다)

2. '-으니까/니까'를 사용하여 〈보기〉와 같이 대화를 완성하세요.

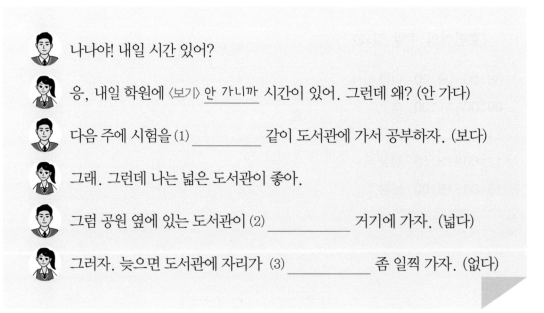

나나야! 내일 시간 있어?

응, 내일 학원에 〈보기〉 <u>안 가니까</u> 시간이 있어. 그런데 왜? (안 가다)

다음 주에 시험을 (1) _____ 같이 도서관에 가서 공부하자. (보다)

그래. 그런데 나는 넓은 도서관이 좋아.

그럼 공원 옆에 있는 도서관이 (2) _____ 거기에 가자. (넓다)

그러자. 늦으면 도서관에 자리가 (3) _____ 좀 일찍 가자. (없다)

1. '-고'를 사용하여 〈보기〉와 같이 문장을 완성하세요.

〈보기〉

> <u>먼저 숙제를 하고</u> 텔레비전을 볼 거예요. (먼저 숙제를 하다)

(1) _____ 저녁에는 친구하고 영화를 봤어요.

(낮에는 자전거를 타다)

(2) _____ 집에 갈 거야. (수학 문제를 다 풀다)

(3) _____ 30분 뒤에 약을 먹어야 해. (밥을 먹다)

2. 다음을 보고 '-고'를 사용하여 〈보기〉와 같이 문장을 쓰세요.

〈호민이의 주말 일과〉

08:00~09:00 아침 식사

09:00~11:00 축구

11:00~12:00 컴퓨터 게임

12:00~13:00 점심 식사

13:00~15:00 낮잠

〈보기〉

> 아침 식사를 하고 축구를 했어요.

(1) _____.

(2) _____.

(3) _____.

1. '-을래(요)/ㄹ래(요)'를 사용하여 〈보기〉와 같이 대화를 완성하세요.

〈보기〉

> 가: 나나야, 모자 사러 백화점에 <u>갈래</u>? (가다)
> 나: 그래, 그러자.

(1) 가: 오늘 학원 끝나고 우리 집에 _____? (오다)
    나: 그래, 좋아.

(2) 가: 너는 뭐 _____? (먹다)
    나: 나는 떡볶이를 먹고 싶어.

(3) 가: 약국 가는 길 좀 _____? (가르쳐 주다)
    나: 네. 이쪽으로 쭉 가면 돼요.

2. '-을래(요)/ㄹ래(요)'를 사용하여 〈보기〉와 같이 대화를 완성하세요.

〈보기〉

> 가: 저녁에 뭐 할 거예요?
> 나: <u>오늘은 피곤하니까 집에서 쉴래요</u>.

(1) 가: 친구들하고 공원에서 뭐 할 거야?
    나: _____.

(2) 가: 어디로 여행을 갈 거예요?
    나: _____.

(3) 가: 엄마 생신 선물로 뭐 살 거야?
    나: _____.

아는 것에 ✔하세요.

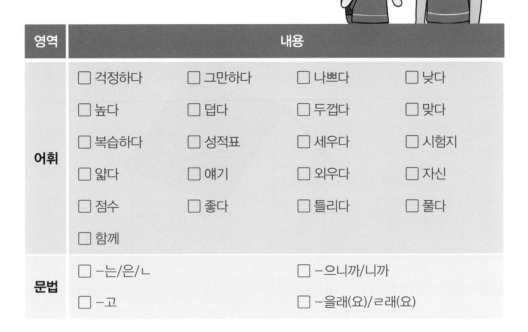

영역	내용			
어휘	☐ 걱정하다	☐ 그만하다	☐ 나쁘다	☐ 낮다
	☐ 높다	☐ 덥다	☐ 두껍다	☐ 맞다
	☐ 복습하다	☐ 성적표	☐ 세우다	☐ 시험지
	☐ 얇다	☐ 얘기	☐ 외우다	☐ 자신
	☐ 점수	☐ 좋다	☐ 틀리다	☐ 풀다
	☐ 함께			
문법	☐ -는/은/ㄴ		☐ -으니까/니까	
	☐ -고		☐ -을래(요)/ㄹ래(요)	

두근두근 가슴이 자꾸 세고 빠르게 뛰는 모양.

시험을 보면 가슴이 두근두근해요. 친구들 앞에서 발표를 하면 두근두근 가슴이 떨려요. 놀라면 가슴이 두근두근 빠르게 뛰어요. 무엇을 하고 싶으면 가슴이 두근거려요.

어떤 졸업 선물을 주면 좋아할까?

학습 목표

학교 행사에 대해 알려 줄 수 있다.
자신의 의견을 서로 이야기할 수 있다.

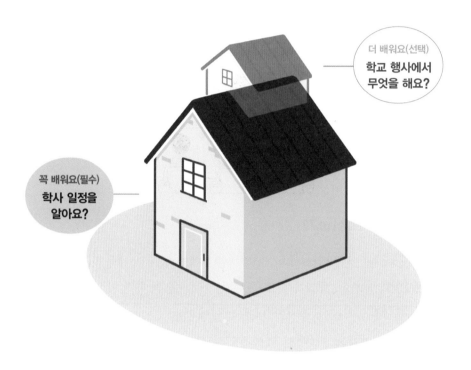

더 배워요(선택)
**학교 행사에서
무엇을 해요?**

꼭 배워요(필수)
**학사 일정을
알아요?**

어휘	봄 따뜻하다 입학식 체험학습 도시락 동물원 미술관 여름 덥다 방학식
	방학 숙제 가을 시원하다 선선하다 쌀쌀하다 학교 축제 체육 대회 겨울
	춥다 졸업식 졸업생 꽃다발 간식 놀이 기구 놀이공원 달리기 양치질
	연습 이어달리기 졸업 물론 개학하다 시작되다

문법	봄이 다 지나**기 전에** 놀러 가자.
	기말고사가 끝**난 후에** 여름 방학이 시작돼.
	저쪽에서 준비하**고 있어.**
	사람들이 졸업식에 많이 **올까?**

1. 알맞은 것을 골라 〈보기〉와 같이 쓰세요.

덥다	방학식	시원하다	방학 숙제

와, 오늘부터 방학이에요. 〈보기〉 여름에는 날씨가 너무 더워서 한 달 정도 방학을 해요. 학교에서 (1) _____을/를 하면 방학이 시작돼요. 방학을 해서 기분이 좋지만 더운 날씨에 (2) _____을/를 해야 해서 걱정이에요. 그래서 에어컨이 있는 (3) _____ 도서관에 가기로 했어요. 거기서 친구들과 숙제를 할 거예요.

좋아요 15개 nana77 #여름 방학 #숙제

2. 알맞은 것을 골라 〈보기〉와 같이 쓰세요.

도시락

미술관

쌀쌀하다

체험학습

〈보기〉 체험학습 안내

이번 주 금요일에 그림을 보러 (1) _____에 갈 겁니다. 9시 30분에 학교 앞에서 출발합니다.
- 점심에 먹을 (2) _____을/를 준비하세요.
- 요즘 날씨가 (3) _____ 따뜻한 옷을 입으세요.

3. 〈보기〉와 같이 알맞은 것끼리 연결하세요.

〈보기〉 간식　　　(1) 양치질　　　(2) 달리기　　　(3) 놀이공원

①　　　②　　　③　　　④

4. 알맞은 말을 골라 〈보기〉와 같이 문장을 완성하세요.

졸업	물론	연습	개학하다	시작되다

〈보기〉

　여러분, 졸업을 축하합니다. 고등학교에서도 열심히 공부하세요.

(1) 학교 축제에서 노래를 부르기로 했어요. 그래서 열심히 _____을/를 해요.

(2) 방학 동안에 여행을 많이 갈 거예요. _____ 방학 숙제도 열심히 할 거예요.

(3) 벌써 여름 방학이 끝나고 다음 주 월요일이 _____ 날이에요.

(4) 체육 대회가 9시부터 _____ 8시 50분까지 운동장으로 나오세요.

1. '-기 전에'를 사용하여 〈보기〉와 같이 문장을 완성하세요.

〈보기〉

요리를 하기 전에 손을 씻으세요. (요리를 하다)

(1) _____ 계획을 세우자. (여행을 가다)

(2) _____ 이름부터 쓰세요. (문제를 풀다)

(3) _____ 미리 연락해. (출발하다)

2. '-기 전에'를 사용하여 〈보기〉와 같이 문장을 쓰세요.

┌╌╌╌╌╌╌╌╌╌╌╌┐
┊   **공지 사항**   ┊
└╌╌╌╌╌╌╌╌╌╌╌┘

수영장에서 이것을 꼭 지키세요.

- 수영복을 입기 전에 샤워를 해요.
  (수영복을 입다)

- _____ 수영 모자를 써요.
  (물에 들어가다)

- _____ 준비 운동을 해요.
  (수영을 하다)

- 수영을 배우고 _____ 사용한 물건을 정리해요.
  (집에 가다)

1. '-은/ㄴ 후에'를 사용하여 〈보기〉와 같이 대화를 완성하세요.

> 〈보기〉
>
> 가: 우리 언제 영화를 보러 갈까?
>
> 나: 시험이 <u>끝난 후에</u> 보러 가자. (끝나다)

(1) 가: 어제 저녁에 뭐 했어?

　　나: ＿＿＿＿＿＿＿＿＿ 숙제를 했어. (산책하다)

(2) 가: 이 책을 언제까지 줘야 돼?

　　나: 다 ＿＿＿＿＿＿＿＿ 천천히 줘도 돼. (읽다)

(3) 가: 학생증을 만들기 전에 먼저 책을 빌릴 수 있어?

　　나: 아니. 학생증을 ＿＿＿＿＿＿＿ 빌릴 수 있어. (만들다)

2. 다음을 보고 '-은/ㄴ 후에'를 사용하여 〈보기〉와 같이 문장을 쓰세요.

> 〈보기〉
>
> <u>밥을 먹은 후에 공부를 했어요.</u>

(1) ＿＿＿＿＿＿＿＿＿＿＿＿＿＿＿＿＿＿＿ .

(2) ＿＿＿＿＿＿＿＿＿＿＿＿＿＿＿＿＿＿＿ .

(3) ＿＿＿＿＿＿＿＿＿＿＿＿＿＿＿＿＿＿＿ .

밥을 먹다
18:00
▼
공부를 하다
19:00
▼
음악을 듣다
21:30
▼
책을 읽다
22:00
▼
잠을 자다
23:00

1. '–고 있다'를 사용하여 〈보기〉와 같이 문장을 완성하세요.

〈보기〉

와니는 책을 <u>읽고 있어요</u>. (읽다)

(1) 나나는 칠판을 _____. (지우다)

(2) 아버지는 부엌에서 _____. (요리를 하다)

(3) 지금 밖에 _____. (비가 오다)

2. 그림을 보고 '–고 있다'를 사용하여 〈보기〉와 같이 문장을 쓰세요.

〈보기〉

<u>나나는 달리기를 하고 있어요</u>.

(1) _____.

(2) _____.

1. '-을까(요)/ㄹ까(요)'를 사용하여 〈보기〉와 같이 대화를 완성하세요.

〈보기〉

> 가: 이 놀이 기구가 <u>재미있을까</u>? (재미있다)
> 나: 응, 재미있겠다. 같이 타자.

(1) 가: 나나가 지금 어디에 ＿＿＿＿＿＿? (있다)
   나: 글쎄, 나도 잘 모르겠어.

(2) 가: 민우가 달리기를 ＿＿＿＿＿＿? (잘하다)
   나: 네. 작년 체육 대회에서 1등을 했어요.

(3) 가: 오늘 박물관이 문을 ＿＿＿＿＿＿? (열다)
   나: 응. 박물관은 월요일에만 문을 닫아.

2. '-을까(요)/ㄹ까(요)'를 사용하여 〈보기〉와 같이 문장을 완성하세요.

〈보기〉

> 날씨가 흐려요. <u>오늘 비가 올까요</u>? (오늘 비가 오다)

(1) 내일 시험을 봐요. ＿＿＿＿＿＿＿＿? (시험이 어렵다)

(2) 동생이 요리를 하고 있어요. ＿＿＿＿＿＿＿? (음식이 맛있다)

(3) 저녁에 생일 파티를 해요. ＿＿＿＿＿＿? (친구들이 많이 오다)

☑ 아는 것에 ✔하세요.

영역	내용			
어휘	☐ 간식	☐ 개학하다	☐ 놀이공원	☐ 달리기
	☐ 덥다	☐ 도시락	☐ 물론	☐ 미술관
	☐ 방학 숙제	☐ 방학식	☐ 시원하다	☐ 시작되다
	☐ 쌀쌀하다	☐ 양치질	☐ 연습	☐ 졸업
	☐ 체험학습			
문법	☐ -기 전에		☐ -은/ㄴ 후에	
	☐ -고 있다		☐ -을까(요)/ㄹ까(요)	

이삭줍기

활짝 꽃잎이 크게 핀 모양.

봄에는 예쁜 꽃이 많이 피어요. 노란 개나리, 하얀 목련, 빨간 장미가 활짝 피어요. 봄이 되면 사람들은 꽃을 구경하러 가요. 활짝 핀 꽃을 보면 기분이 좋아요. 그래서 사람들이 꽃처럼 활짝 웃어요.

4과 방과 후 수업을 들어 봐

자신의 계획을 말할 수 있다.

다른 사람에게 활동을 추천할 수 있다.

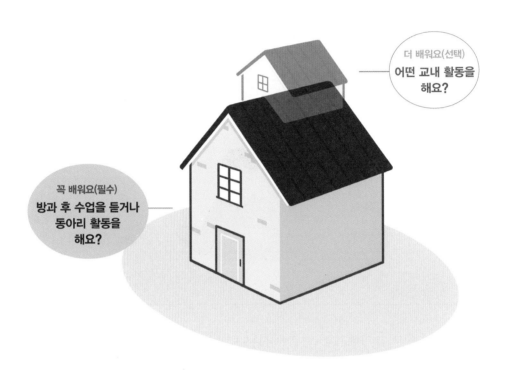

더 배워요(선택)
**어떤 교내 활동을
해요?**

꼭 배워요(필수)
**방과 후 수업을 듣거나
동아리 활동을
해요?**

어휘	신문 방송반 독서반 외국어 공부반 밴드부 사진반 합창부 인원
	수업료를 내다 전 학년 매주 매일 매달 매년 이하 이상
	신청서 그때 도움 때 식당 여기저기 표 빨리 한번 다니다
	들어가다 모르다 선택하다 원하다

문법	나 먼저 손 씻**을게**.
	동아리 사람들과 여기저기 다니면서 사진을 찍**을까 해**.
	이번에 너도 방과 후 수업을 한번 신청**해 봐**.
	방과 후 수업 신청 기간이 지나서 컴퓨터 수업을 신청하**지 못했어**.

1. 알맞은 것을 골라 〈보기〉와 같이 쓰세요.

내다	매주	인원	신청서

여름 방학 동안 〈보기〉매주 수요일에 영어 회화 방과 후 수업을 해요. 방과 후 수업을 하고 싶은 사람은 (1) _____ 을/를 쓰세요. 그리고 교무실에 신청서를 (2) _____. 하지만 신청 (3) _____ 이/가 5명 이하면 수업을 하지 않아요.

2. 알맞은 것을 골라 〈보기〉와 같이 쓰세요.

독서반	밴드부	신문 방송반	외국어 공부반

대한중학교에는 많은 동아리가 있어요. 동아리를 소개합니다. 여러분도 동아리 활동을 하세요. 영어와 일본어를 배울 수 있는 〈보기〉외국어 공부반으로 들어오세요. 외국어를 하지 못하는 사람도 들어올 수 있습니다.

(1) _____ 도 있어요. 이 동아리에 들어오면 방송국의 일을 경험해 볼 수 있어요. 음악을 좋아하거나 악기를 좋아하면 (2) _____ 으로/로 들어오세요. 같이 연주도 하고 연습을 해서 공연도 합니다.

책 읽기를 좋아하는 사람은 (3) _____ 으로/로 오세요. 책을 읽으면서 이야기도 하고 글도 쓰고 발표도 합니다.

3. 다음을 읽고 알맞은 곳에 ◯, △ , ☐ 표시하세요.

(1) 매주 화요일과 목요일마다 영어 학원에 가요. 영어 학원을 가는 날에 ◯하세요.

(2) 7월부터 매일 저녁에 운동을 할 거예요. 운동을 하는 날에 △하세요.

(3) 백화점은 매달 두 번째 토요일에 문을 닫습니다. 백화점이 쉬는 날에 ☐하세요.

4. 알맞은 것을 골라 〈보기〉와 같이 문장을 완성하세요.

표	도움	다니다	모르다	여기저기

〈보기〉

여행을 가서 __여기저기__ 돌아다니며 많은 사진을 찍었어요.

(1) 호민이는 친구들에게 _____을/를 많이 주는 학생입니다.

(2) _____ 것이 있으면 선생님께 여쭤보세요.

(3) 다음 주부터 유미는 영어 학원에 _____.

(4) 그 영화를 보고 싶으면 _____을/를 빨리 사야 해요.

1. '-을게(요)/ㄹ게(요)'를 사용하여 〈보기〉와 같이 대화를 완성하세요.

〈보기〉

> 가: 우리 집에 언제 올 거야?
> 나: 점심을 먹고 2시까지 갈게. (가다)

(1) 가: 지금 홈페이지에 사진을 올렸어요.

　　나: 지금 바로 _____. (보다)

(2) 가: 마지막 남은 피자 누가 먹을래?

　　나: 그 피자는 내가 _____. (먹다)

(3) 가: 색연필을 안 가져왔네.

　　나: 걱정하지 마. 내가 _____. (빌려주다)

2. 그림을 보고 '-을게(요)/ㄹ게(요)'를 사용하여 〈보기〉와 같이 문장을 쓰세요.

 이번 학교 신문에 축제 기사를 쓰자. 무엇을 할래?

〈보기〉

> 나는 사진을 찍을게.

(1) 나는 _____.

(2) 나는 _____.

1. '-을까/ㄹ까 하다'를 사용하여 〈보기〉와 같이 문장을 완성하세요.

> 〈보기〉
>
> 오랜만에 친구에게 편지를 <u>쓸까 해</u>. (쓰다)

(1) 오늘은 너무 피곤해서 잠을 일찍 _____. (자다)

(2) 여름 방학부터 일본어를 _____. (배우다)

(3) 땀을 많이 흘렸으니까 집에 가서 옷을 _____. (갈아입다)

2. '-을까/ㄹ까 하다'를 사용하여 〈보기〉와 같이 대화를 완성하세요.

> 〈보기〉
>
> 가 : 내일 오후에 뭐 할 거야?
> 나 : <u>축구를 할까 해</u>.

(1) 가 : 어머니 생신에 무슨 선물을 드릴 거야?

　　나 : _____.

(2) 가 : 친구들하고 어디 놀러 갈 거야?

　　나 : _____.

(3) 가 : 오늘 도서관에 몇 시까지 있을 거야?

　　나 : _____.

1. '-어/아/여 보다'를 사용하여 〈보기〉와 같이 문장을 완성하세요.

〈보기〉

> 내가 준비한 선물 먼저 열어 봐. (열다)

(1) 백화점 옆에 음식점이 새로 생겼어. 주말에 _____. (가다)

(2) 이 주스가 정말 맛있어. 한번 _____. (마시다)

(3) 애들아, 학교 방송을 _____. (듣다)

2. '-어/아/여 보다'를 사용하여 〈보기〉와 같이 쓰세요.

전통의 도시 전주

전주는 아름다운 도시예요.

전주에 꼭 한번 〈보기〉 가 보세요.
　　　　　　　　　(가다)

전주 한옥 마을에서 (1) _____.
　　　　　　　　　　　(한복을 입다)

그리고 (2) _____. 아주 예뻐요.
　　　　　　(사진을 찍다)

전주는 비빔밥이 유명하니까 (3) _____.
　　　　　　　　　　　　　　　(비빔밥을 먹다)

1. '-지 못하다'를 사용하여 〈보기〉와 같이 대화를 완성하세요.

〈보기〉

> 가: 시험은 잘 봤어?
>
> 나: 아니, 너무 어려워서 문제를 다 <u>풀지 못했어</u>. (풀다)

(1) 가: 아침을 먹었어?

　　나: 아니, 늦잠을 자서 아침을 ＿＿＿＿＿＿＿＿＿＿. (먹다)

(2) 가: 문제집을 샀어?

　　나: 아니, 서점에 문제집이 없어서 ＿＿＿＿＿＿＿＿＿＿. (사다)

(3) 가: 어제 등산 갔어?

　　나: 아니, 비가 와서 ＿＿＿＿＿＿＿＿＿＿. (가다)

2. 그림을 보고 '-지 못하다'를 사용하여 〈보기〉와 같이 문장을 쓰세요.

〈보기〉

눈이 많이 와서 밖에 나가지 못해요.

(1)

＿＿＿＿＿＿＿＿＿＿＿＿＿＿＿＿＿.

(2)

＿＿＿＿＿＿＿＿＿＿＿＿＿＿＿＿＿.

▨ 아는 것에 ✔하세요.

영역	내용			
어휘	☐ 내다	☐ 다니다	☐ 도움	☐ 독서반
	☐ 매주	☐ 모르다	☐ 밴드부	☐ 신문 방송반
	☐ 신청서	☐ 여기저기	☐ 외국어 공부반	☐ 인원
	☐ 표			
문법	☐ -을게(요)/ㄹ게(요)		☐ -을까/ㄹ까 하다	
	☐ -어/아/여 보다		☐ -지 못하다	

곰곰이 깊이 생각하는 모양.

어떤 동아리에 들어가고 싶어요? 곰곰이 생각해 봐요. 이 문제를 어떻게 풀어야 해요? 곰곰이 생각해 보세요. 여러분은 무엇이 되고 싶어요? 곰곰이 생각해요. 많은 것 중에서 하나를 선택하기 전에 우리는 곰곰이 생각을 해요. '곰곰이'는 깊이 그리고 오래 생각하는 거예요.

5과 제주도에 가 봤어?

다른 사람에게 자신의 경험을 말할 수 있다.
여러 가지 일을 비교해서 말할 수 있다.

더 배워요(선택)
취미가 뭐예요?

꼭 배워요(필수)
시간이 있을 때 뭘 해요?

어휘	등산을 하다　야구를 하다　수영을 하다　배드민턴을 치다　스케이트를 타다
	기타를 치다　피아노를 치다　독서를 하다　바이올린을 켜다　낚시를 하다
	만화를 그리다　우표를 모으다　경기　밖　삼계탕　수저　아이　콘서트　콜라
	태권도　한복　해외여행　혼자　KTX　가끔　훨씬　다르다　쉽다　유명하다

문법	나는 작년에 바다에서 수영을 **해 봤어**.
	너 태권도를 배운 **적이 있어**?
	시간이 있**을 때**마다 등산을 해.
	언니에게 배워서 떡볶이를 만**들 줄 알아요**.

1. 알맞은 것을 골라 〈보기〉와 같이 문장을 완성하세요.

낚시를 하다	등산을 하다	수영을 하다

제주도로 여행을 가요. 제주도에서 뭐 할 거예요?

협재 해수욕장   한라산   우도

〈보기〉   (1)   (2)
<u>수영을 할</u> 거예요.   _____ 거예요.   _____ 거예요.

2. 알맞은 것을 골라 〈보기〉와 같이 문장을 완성하세요.

치다	독서	그리다	모으다

친구들의 취미

저는 우표를 좋아해요. 그래서 우표를 〈보기〉 <u>모아요</u>. 세계 여러 나라의 우표를 가지고 싶어요.

저는 피아노를 배우고 있어요. 피아노를 아직 잘 못(1) _____ . 하지만 아주 재미있어요.

저는 책을 자주 읽어요. 항상 책을 가지고 다니면서 (2) _____ 을/를 해요. 매년 책을 20권 이상 읽어요.

저는 만화책을 좋아해서 자주 봐요. 만화책을 보고 만화를 (3) _____ . 나중에 만화가가 되고 싶어요.

3. 〈보기〉와 같이 알맞은 것끼리 연결하세요.

〈보기〉 밖 ● - - - - - - - ● ① 안

(1) 가끔 ●   ● ② 혼자

(2) 쉽다 ●   ● ③ 자주

(3) 함께 ●   ● ④ 어렵다

4. 알맞은 것을 골라 〈보기〉와 같이 문장을 완성하세요.

| 경기 | 다르다 | 콘서트 | 유명하다 | 스케이트를 타다 |

〈보기〉

어제 친구와 스케이트장에 가서 <u>스케이트를 탔어요</u>.

(1) 오늘 옆 반과 축구 _____ 을/를 할 거예요.

(2) 경주에 사람들이 많이 가요. 경주는 _____ 관광지예요.

(3) 어제 제가 좋아하는 가수의 _____ 에 가서 노래를 들었어요.

(4) 친구는 수박을 좋아하고 저는 딸기를 좋아해요. 좋아하는 과일이 _____ .

1. '-어/아/여 보다'를 사용하여 〈보기〉와 같이 문장을 완성하세요.

> 〈보기〉
>
> 부모님하고 바다에서 낚시를 <u>해 봤어요</u>. (하다)

(1) 비빔밥을 _____. (만들다)

(2) 그 책을 아직 못 _____. (읽다)

(3) 학교 앞에 새로 생긴 식당에 _____. (가다)

2. '-어/아/여 보다'를 사용하여 〈보기〉와 같이 문장을 쓰세요.

> 〈보기〉
>
> 부산을 여행하다   (×)   ➔   <u>부산을 여행해 보지 못했어요</u>.

(1) 기타를 배우다   (○) ➔ _____.

(2) 닭갈비를 먹다   (×) ➔ _____.

(3) 스케이트장에 가다   (○) ➔ _____.

1. '-은/ㄴ 적이 있다/없다'를 사용하여 〈보기〉와 같이 문장을 완성하세요.

〈보기〉

저는 미술관에 가는 길을 알아요. 전에 <u>간 적이 있어요</u>. (가다)

(1) 와니는 매일 일찍 학교에 가요. 수업에 _____. (지각하다)

(2) 민수는 태권도를 할 수 있어요. _____. (태권도를 배우다)

(3) 이 노래를 알아요. _____. (듣다)

2. '-은/ㄴ 적이 있다/없다'를 사용하여 〈보기〉와 같이 문장을 쓰세요.

〈보기〉

저 놀이 기구를 안 타 봤어요. ➡ <u>저 놀이 기구를 타 본 적이 없어요</u>.

(1) 떡볶이를 안 먹어 봤어요. ➡ _____.

(2) 한복을 입어 봤어요. ➡ _____.

(3) 제주도에 안 가 봤어요. ➡ _____.

1. '-을/ㄹ 때'를 사용하여 〈보기〉와 같이 문장을 완성하세요.

〈보기〉

밤에 <u>잠이 안 올 때</u> 따뜻한 우유를 마셔 봐. (잠이 안 오다)

(1) _____ 다른 사람의 시험지를 보면 안 돼요. (시험을 보다)

(2) 여기 빵이 있으니까 _____ 먹어. (배고프다)

(3) _____ 바이올린을 배웠어요. (초등학교에 다니다)

2. 그림을 보고 '-을/ㄹ 때'를 사용하여 〈보기〉와 같이 문장을 완성하세요.

〈보기〉

가격을 물어봐요.
<u>가격을 물어볼 때</u> "얼마예요?"라고 해요.

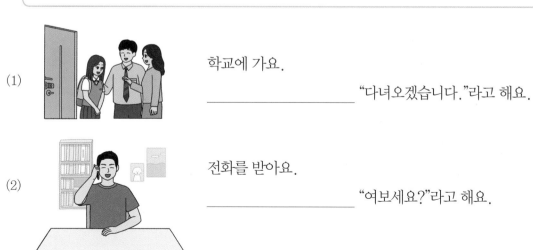

(1) 학교에 가요.
_____ "다녀오겠습니다."라고 해요.

(2) 전화를 받아요.
_____ "여보세요?"라고 해요.

1. '-을/ㄹ 줄 알다/모르다'를 사용하여 〈보기〉와 같이 대화를 완성하세요.

〈보기〉

> 가: 배드민턴을 칠 줄 알아?
>
> 나: 응, <u>배드민턴을 칠 줄 알아</u>.

(1) 가: 잡채를 만들 줄 알아요?

　　나: 아니요, ＿＿＿＿＿＿＿＿＿＿＿＿＿＿＿.

(2) 가: 영어를 ＿＿＿＿＿＿＿＿＿＿＿＿＿＿＿?

　　나: 네, 영어를 할 줄 알아요.

(3) 가: 스케이트를 ＿＿＿＿＿＿＿＿＿＿＿＿＿?

　　나: 아니, 스케이트를 탈 줄 몰라.

2. '-을/ㄹ 줄 알다/모르다'를 사용하여 〈보기〉와 같이 문장을 쓰세요.

〈보기〉

김밥을 만들다　→　<u>저는 김밥을 만들 줄 알아요.</u>
　　　　　　　　　<u>저는 김밥을 만들 줄 몰라요.</u>

(1) 중국어를 하다　→　＿＿＿＿＿＿＿＿＿＿＿＿＿.
　　　　　　　　　　＿＿＿＿＿＿＿＿＿＿＿＿＿.

(2) 한국 노래를 부르다　→　＿＿＿＿＿＿＿＿＿＿＿.
　　　　　　　　　　　　＿＿＿＿＿＿＿＿＿＿＿.

(3) 한글을 읽다　→　＿＿＿＿＿＿＿＿＿＿＿＿＿.
　　　　　　　　　＿＿＿＿＿＿＿＿＿＿＿＿＿.

◰ 아는 것에 ✔하세요.

영역	내용			
어휘	☐ 가끔	☐ 경기	☐ 그리다	☐ 낚시를 하다
	☐ 다르다	☐ 독서	☐ 등산을 하다	☐ 모으다
	☐ 밖	☐ 수영을 하다	☐ 쉽다	☐ 스케이트를 타다
	☐ 유명하다	☐ 치다	☐ 콘서트	☐ 혼자
문법	☐ -어/아/여 보다		☐ -을/ㄹ 때	
	☐ -은/ㄴ 적이 있다/없다		☐ -을/ㄹ 줄 알다/모르다	

이삭줍기

뻘뻘 땀을 아주 많이 흘리는 모양.

여름에 너무 더워요. 땀이 뻘뻘 흘러요.
매운 음식을 먹을 때 얼굴에서 땀이 뻘뻘 나요.
체육 시간에 축구를 했어요. 땀이 뻘뻘 났어요.

6과 추석에 송편을 만들었는데 재미있었어

학습 목표

다른 사람의 감정이나 기분을 추측할 수 있다.
명절과 휴일에 대해 궁금한 것을 확인할 수 있다.

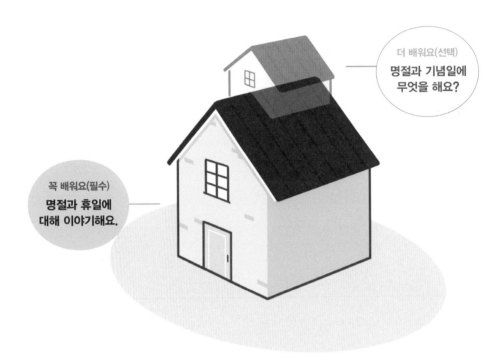

더 배워요(선택)
**명절과 기념일에
무엇을 해요?**

꼭 배워요(필수)
**명절과 휴일에
대해 이야기해요.**

어휘	돌 결혼기념일 어린이날 어버이날 스승의 날 삼일절 제헌절
	한글날 광복절 개천절 설날 동지 대보름 추석 달력 기념일 선물
	기념행사 세배 명절 음식 차례 과자 기침 대회 땀 떡국 비밀
	세종대왕 송편 시골 연극 연휴 친척 카네이션 고치다

문법	할아버지가 시골에 계시**기 때문에** 할아버지 댁에 가.
	엄마가 오늘 기분이 좋으**신 것 같아**.
	나는 떡볶이를 먹고 싶**은데** 너는 어때?
	한글을 누가 만들었**는지 알아요**?

1. 알맞은 것을 골라 〈보기〉와 같이 대화를 완성하세요.

떡국	설날	차례	친척

김대한 기자, 명절 아침의 모습을 전해 주세요.

네, 오늘은 한국의 가장 큰 명절 〈보기〉 설날입니다. 오랜만에 삼촌, 사촌 등 여러 (1) _____들이 다 모였습니다. 준비한 음식을 가지고 아침에 (2) _____을/를 지냈습니다. 그리고 다 같이 (3) _____을/를 먹었습니다. 모두 행복한 모습입니다.

2. 알맞은 것을 골라 〈보기〉와 같이 쓰세요.

기념일	어린이날	어버이날	스승의 날

5월에는 특별한 날을 축하하는 〈보기〉 기념일이 많습니다.
- (1) _____에는 부모님께 카네이션을 드립니다.
- (2) _____에는 선생님께 '감사합니다.'라고 말합니다.
- (3) _____에는 아이들에게 선물도 주고 가족이 함께
  즐거운 시간도 보냅니다.
이처럼 5월에는 가족이나 선생님께 감사의 마음을 전합니다.

3. 〈보기〉와 같이 알맞은 것끼리 연결하세요.

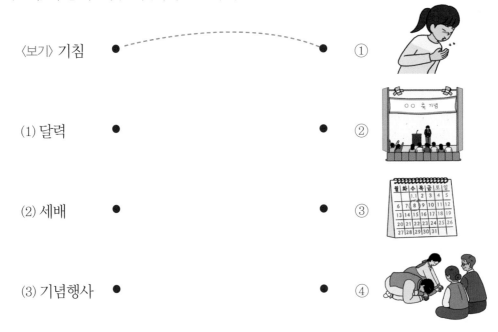

〈보기〉 기침 ●----------● ①

(1) 달력 ● ● ②

(2) 세배 ● ● ③

(3) 기념행사 ● ● ④

4. 알맞은 것을 골라 〈보기〉와 같이 문장을 완성하세요.

땀	비밀	대회	연휴	세종대왕

〈보기〉

작년 추석 연휴에는 5일 동안 쉬었어요.

(1) _____은/는 한글을 만든 사람이에요.

(2) 태권도 선수로 국제 _____에 나가고 싶어요.

(3) _____을/를 많이 흘려서 샤워를 했어요.

(4) _____ 다른 사람에게 말하지 마세요.

1. '−기 때문에'를 사용하여 〈보기〉와 같이 대화를 완성하세요.

〈보기〉

> 가: 수업이 끝난 후에 영화관에 갈래?
>
> 나: 숙제가 <u>많기 때문에</u> 영화관에 못 가. (많다)

(1) 가: 주말에 왜 운동장에 가요?

　　나: 축구 경기가 ＿＿＿＿＿＿＿＿ 경기를 보러 운동장에 가요. (있다)

(2) 가: 왜 두꺼운 옷을 입었어요?

　　나: 지금 날씨가 ＿＿＿＿＿＿＿＿ 두꺼운 옷을 입었어요. (춥다)

(3) 가: 방과 후에 집에 가서 뭐 해?

　　나: 요즘 ＿＿＿＿＿＿＿＿＿ 밤늦게까지 공부해요. (시험 기간이다)

2. '−기 때문에'를 사용하여 〈보기〉와 같이 문장을 쓰세요.

〈보기〉

> 어제, 한글날이다, 학교에 안 가다
>
> ➡ <u>어제는 한글날이었기 때문에 학교에 안 갔어요</u>.

(1) 밖, 시끄럽다, 창문을 닫다

➡ ＿＿＿＿＿＿＿＿＿＿＿＿＿＿＿＿＿＿＿＿＿.

(2) 비, 많이 오다, 소풍을 못 가다

➡ ＿＿＿＿＿＿＿＿＿＿＿＿＿＿＿＿＿＿＿＿＿.

(3) 다음 주 월요일, 어머니의 생신, 선물을 사다

➡ ＿＿＿＿＿＿＿＿＿＿＿＿＿＿＿＿＿＿＿＿＿.

1. '-는/은/ㄴ 것 같다'를 사용하여 〈보기〉와 같이 대화를 완성하세요.

〈보기〉

> 가: 이 옷 어때요?
> 나: 조금 <u>작은 것 같아요</u>. 더 큰 것을 보여 주세요. (작다)

(1) 가: 와니는 왜 점심을 안 먹어?

　나: _____. (배가 아프다)

(2) 가: 수호가 계속 나나를 봐요.

　나: 수호가 나나를 _____. (좋아하다)

(3) 가: 정호가 기분이 안 좋아 보여요.

　나: 친구와 _____. (싸우다)

2. 그림을 보고 '-는/은/ㄴ 것 같다'를 사용하여 〈보기〉와 같이 문장을 쓰세요.

〈보기〉

> 친구에게 인사를 하는 것 같아요.

(1) _____.

(2) _____.

1. '-는데/은데/ㄴ데'를 사용하여 〈보기〉와 같이 대화를 완성하세요.

> 〈보기〉
>
> 가: 오늘도 날씨가 추워요?
>
> 나: 어제는 <u>추웠는데</u> 오늘은 따뜻해요. (춥다)

(1) 가: 이번 중간고사 잘 봤어?

　나: 수학은 잘 _____ 영어는 못 봤어요. (보다)

(2) 가: 이 음식점이 어때요?

　나: 가격은 _____ 맛이 없어요. (싸다)

(3) 가: 닭고기를 잘 먹어요?

　나: 닭갈비는 _____ 삼계탕은 싫어해요. (좋아하다)

2. '-는데/은데/ㄴ데'를 사용하여 〈보기〉와 같이 문장을 쓰세요.

> 〈보기〉
>
> 어제 친구들과 떡볶이를 먹다, 많이 맵다
> → <u>어제 친구들과 떡볶이를 먹었는데 많이 매웠어요</u>.

(1) 요즘 한국어를 배우다, 재미있다

→ _____.

(2) 숙제가 어렵다, 도와주다

→ _____.

(3) 지난주에 체험학습을 가다, 사람이 많다

→ _____.

1. '-는지 알다/모르다'를 사용하여 〈보기〉와 같이 문장을 완성하세요.

〈보기〉

> 수업이 언제 <u>끝나는지 알아요/몰라요</u>. (끝나다)

(1) 이번 대회에 누가 _____. (나가다)

(2) 체육복을 어디에서 _____. (갈아입다)

(3) 김밥을 어떻게 _____. (만들다)

2. '-는지 알다/모르다'를 사용하여 〈보기〉와 같이 대화를 완성하세요.

〈보기〉

> 가: 연극이 언제 <u>시작하는지 알아요</u>?
> 나: 네. 3시에 시작해요.

(1) 가: 은행에 어떻게 _____?

　　나: 네. 3번 버스를 타고 가요.

(2) 가: 동아리에 어떻게 _____?

　　나: 네. 신청서를 쓰면 가입할 수 있어요.

(3) 가: 누가 2반 담임 선생님인지 알아요?

　　나: 아니요. _____.

☑ 아는 것에 √하세요.

영역	내용			
어휘	☐ 기념일	☐ 기념행사	☐ 기침	☐ 달력
	☐ 대화	☐ 땀	☐ 떡국	☐ 비밀
	☐ 설날	☐ 세배	☐ 세종대왕	☐ 스승의 날
	☐ 어린이날	☐ 어버이날	☐ 연휴	☐ 차례
	☐ 친척			
문법	☐ –기 때문에		☐ –는/은/ㄴ 것 같다	
	☐ –는데/은데/ㄴ데		☐ –는지 알다/모르다	

이삭줍기

오순도순 정답게 이야기를 하거나 사이좋게 지내는 모양.

가족끼리 오순도순 앉아서 맛있는 음식을 먹어요.
언니와 저는 싸우지 않고 오순도순 지내요.
친구들과 오순도순 모여서 이야기를 해요.

수영 연습을 하려고
시간이 날 때마다 수영장에 가요

학습 목표

장래 희망이 무엇인지 표현할 수 있다.
다른 사람에게 조언할 수 있다.

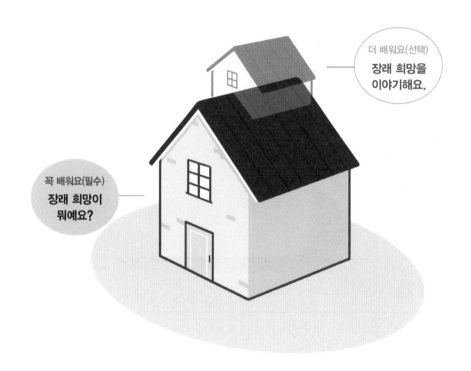

더 배워요(선택)
**장래 희망을
이야기해요.**

꼭 배워요(필수)
**장래 희망이
뭐예요?**

어휘	의사 간호사 약사 경찰 군인 교사 회사원 기자 변호사 요리사 가수
	운동선수 화가 음악가 관심 꿈 동안 방송국 은행 직업 처음 탁구
	계속 점점 주로 노력하다 이루다 찾다 날씬하다 다양하다

문법	방송국에 가 본 후부터 그렇게 생각하**게 되었어**.
	악기를 배우**려고** 밴드부에 들어갔어.
	다양한 직업을 소개하는 책을 읽**거나** 청소년 상담 센터에 가 봐.
	몇 달 동안 매일 연습했는데 전보다 훨씬 **빨라졌어**.

1. 알맞은 것을 골라 〈보기〉와 같이 쓰세요.

경찰   군인   기자   의사

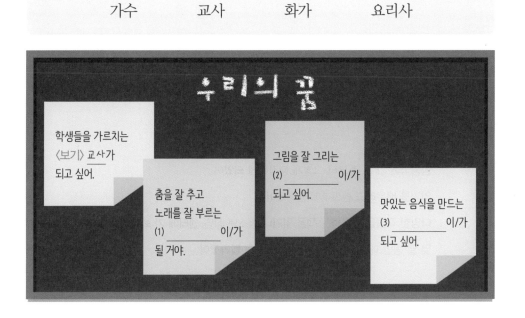

우리 가족의 직업을 소개합니다.

우리 아버지는 〈보기〉 기자 입니다. 뉴스에 자주 나옵니다. 사람들에게 소식을 전합니다. 어머니는 학교 앞에 있는 병원에서 일합니다. 아픈 사람을 치료합니다. 우리 어머니는 (1) _____ 입니다. 우리 형은 언제나 다른 사람을 돕습니다. 우리 형의 꿈은 (2) _____ 입니다. 저의 꿈은 (3) _____ 입니다. 멋진 옷을 입고 우리나라를 지키고 싶습니다. 그래서 열심히 운동을 하고 있습니다.

2. 알맞은 것을 골라 〈보기〉와 같이 문장을 완성하세요.

가수   교사   화가   요리사

우리의 꿈

학생들을 가르치는
〈보기〉 교사가
되고 싶어.

춤을 잘 추고
노래를 잘 부르는
(1) _____ 이/가
될 거야.

그림을 잘 그리는
(2) _____ 이/가
되고 싶어.

맛있는 음식을 만드는
(3) _____ 이/가
되고 싶어.

3. 〈보기〉와 같이 알맞은 것끼리 연결하세요.

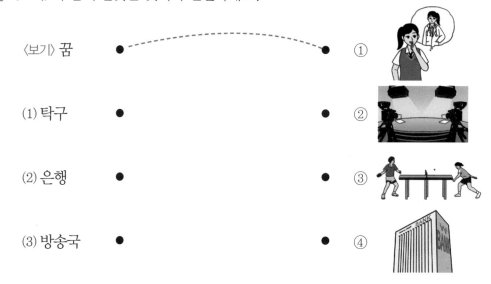

〈보기〉 꿈 ●----------● ①

(1) 탁구 ● ● ②

(2) 은행 ● ● ③

(3) 방송국 ● ● ④

4. 알맞은 것을 골라 〈보기〉와 같이 문장을 완성하세요.

| 찾다 | 이루다 | 다양하다 | 노력하다 |

〈보기〉

배우가 꿈이에요. 제 꿈을 꼭 <u>이루고</u> 싶어요.

(1) 열심히 _____ 좋은 성적을 받을 수 있어요.

(2) 은행에 가서 돈을 _____.

(3) 내 친구들은 _____ 나라에서 왔어요.

1. '–게 되다'를 사용하여 〈보기〉와 같이 문장을 완성하세요.

〈보기〉

열심히 연습해서 춤을 잘 <u>추게 되었어요</u>. (추다)

(1) 눈이 나빠졌어요. 그래서 안경을 _____. (쓰다)

(2) 이사를 가서 친구와 _____. (헤어지다)

(3) 친구가 가르쳐 줘서 그 문제를 _____. (풀 수 있다)

2. '–게 되다'를 사용하여 〈보기〉와 같이 문장을 쓰세요.

〈보기〉

매일 연습하다, 기타를 잘 치다 ➜ <u>매일 연습해서 기타를 잘 치게 되었어요</u>.

(1) 달리기를 잘하다, 체육 대회에 나가다

➜ _____.

(2) 비가 많이 내리다, 등산을 못 가다

➜ _____.

(3) 아프다, 결석하다

➜ _____.

1. '-으려고/려고'를 사용하여 〈보기〉와 같이 대화를 완성하세요.

<보기>

> 가: 모자를 왜 샀어요?
> 나: 친구에게 <u>선물하려고</u> 모자를 샀어요. (선물하다)

(1) 가: 왜 전화했어?

　　나: 숙제를 ＿＿＿＿＿＿＿＿ 전화했어. (물어보다)

(2) 가: 지금 어디에 가요?

　　나: 약을 ＿＿＿＿＿＿＿＿ 약국에 가요. (사다)

(3) 가: 편의점에 왜 가요?

　　나: 라면을 ＿＿＿＿＿＿＿＿ 가요. (먹다)

2. 알맞은 것끼리 연결하고 '-으려고/려고'를 사용하여 〈보기〉와 같이 문장을 쓰세요.

자전거를 타다 ■　　　　　　　　　　■ 공원에 가다

영화를 보다 ■　　　　　　　　　　■ 사진관에 가다

청소를 하다 ■　　　　　　　　　　■ 창문을 열다

가족사진을 찍다 ■　　　　　　　　　　■ 영화표를 사다

<보기>

> 　　　　　　　자전거를 타려고 공원에 갔어요.

(1) ＿＿＿＿＿＿＿＿＿＿＿＿＿＿＿＿＿＿＿＿＿＿＿＿＿.

(2) ＿＿＿＿＿＿＿＿＿＿＿＿＿＿＿＿＿＿＿＿＿＿＿＿＿.

(3) ＿＿＿＿＿＿＿＿＿＿＿＿＿＿＿＿＿＿＿＿＿＿＿＿＿.

1. '−거나'를 사용하여 〈보기〉와 같이 대화를 완성하세요.

> 〈보기〉
>
> 가: 이번 주 주말에 뭐 해?
> 나: 농구를 하거나 피아노를 칠 거야. (농구를 하다, 피아노를 치다)

(1) 가: 학교에 어떻게 가요?
　　나: _____. (걸어서 가다, 버스를 타다)

(2) 가: 방학에 뭐 할 거야?
　　나: _____.

　　　　　　　　　　　　　　　　　(방과 후 수업을 듣다, 학원에 다니다)

(3) 가: 언제 친구가 보고 싶어?
　　나: _____. (아프다, 슬프다)

2. '−거나'를 사용하여 〈보기〉와 같이 문장을 쓰세요.

> 〈보기〉
>
> 잠을 자기 전에 책을 읽거나 숙제를 해요.

(1) 방과 후에 _____.

(2) 배가 아플 때 _____.

(3) 기분이 안 좋을 때 _____.

1. '-어지다/아지다/여지다'를 사용하여 〈보기〉와 같이 대화를 완성하세요.

〈보기〉

> 가: 이제 별로 덥지 않네요.
>
> 나: 맞아요. 점점 더 <u>시원해질 거예요</u>. (시원하다)

(1) 가: 여기 흙이 많네요.

　　나: 네, 그래서 제 신발이 ＿＿＿＿＿＿＿＿＿＿. (더럽다)

(2) 가: 집 근처에 지하철역이 생기니까 어때요?

　　나: 교통이 ＿＿＿＿＿＿＿＿＿. (편하다)

(3) 가: 고등학교에 가면 어때요?

　　나: 고등학생이 되니까 배울 과목이 ＿＿＿＿＿＿＿＿. (많다)

2. 그림을 보고 '-어지다/아지다/여지다'를 사용하여 〈보기〉와 같이 문장을 쓰세요.

〈보기〉

머리카락을 잘랐어요. 머리가 ^{짧아졌어요}.

(1) 방을 청소했어요. 방이 ＿＿＿＿＿＿.

(2) 키가 컸어요. 옷이 ＿＿＿＿＿＿＿.

▨ 아는 것에 ✔하세요.

영역	내용			
어휘	☐ 가수	☐ 경찰	☐ 교사	☐ 군인
	☐ 기자	☐ 꿈	☐ 노력하다	☐ 다양하다
	☐ 방송국	☐ 요리사	☐ 은행	☐ 의사
	☐ 이루다	☐ 찾다	☐ 탁구	☐ 화가
문법	☐ −게 되다		☐ −으려고/려고	
	☐ −거나		☐ −어지다/아지다/여지다	

이삭줍기

쑥쑥 갑자기 많이 커지거나 자라는 모양.

콩나물이 쑥쑥 자랐어요.
동생은 여름 방학 때 키가 쑥쑥 컸어요.
이번 기말고사는 중간고사보다 성적이 쑥쑥 올랐어요.

축구하다가 넘어졌어

학습 목표

다른 사람에게 도움을 요청할 수 있다.
다른 사람에게 사건, 사고의 상황을 설명할 수 있다.

더 배워요(선택)
문제가 생겼을 때 어떻게 해야 해요?

꼭 배워요(필수)
학교에서 어떤 문제가 생길 수 있어요?

어휘	신호등 횡단보도 교통사고 계단 온도가 높다 흘리다 넘어지다 미끄러지다
	치료하다 다치다 피가 나다 상처가 나다 주머니 떨어지다 잃어버리다 찾다
	돌려주다 줍다 벽 사과 열쇠 잠 지갑 후배 아까 푹 걸다 낫다
	들어오다 비키다 심다 잡다 지나가다

문법	책을 읽**다가** 늦게 잠을 잤어요.
	친구들이 안 다치**게** 우리가 다시 잘 걸자.
	교무실에 가**서** 선생님께 말씀드려 봐.
	약을 먹**은 지** 얼마나 됐는데?

1. 알맞은 것을 골라 〈보기〉와 같이 쓰세요.

신호등　　　　다치다　　　　교통사고　　　　횡단보도

어제 학교 앞 큰 도로에서
〈보기〉 교통사고가 났어요.
사람이 많이 (1) _____
구급차가 왔어요.

(2) _____ 에서 길을 건널 때는
언제나 조심해야 해요.
녹색 (3) _____ 일 때
길을 건너야 해요.

2. 알맞은 것을 골라 〈보기〉와 같이 쓰세요.

찾다　　　　줍다　　　　떨어지다　　　　잃어버리다

지갑을 〈보기〉 찾습니다.

어제 운동장에서 지갑을 (1) _____. 뛰어갈 때
주머니에서 (2) _____ 것 같습니다. 지갑을 보거나
(3) _____ 분은 저에게 전화해 주세요.
전화번호: 010-1234-5678

3. 〈보기〉와 같이 알맞은 것끼리 연결하세요.

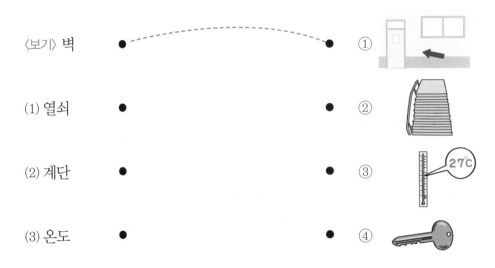

〈보기〉 벽 ●

(1) 열쇠 ●

(2) 계단 ●

(3) 온도 ●

● ①

● ②

● ③

● ④

4. 알맞은 것을 골라 〈보기〉와 같이 문장을 완성하세요.

낫다	심다	잡다	비키다

〈보기〉

이 약을 먹으면 감기가 금방 <u>나을 거예요</u>.

(1) 민우야, 사람들이 지나가야 하니까 옆으로 _____.

(2) 이 나무는 내가 태어났을 때 할아버지께서 _____ 나무예요.

(3) 달리는 버스에서 넘어지지 않으려면 손잡이를 잘 _____.

1. '-다가'를 사용하여 〈보기〉와 같이 문장을 완성하세요.

〈보기〉

창문을 열고 <u>자다가</u> 감기에 걸렸어요. (자다)

(1) 밥을 빨리 _____ 옷에 흘렸어요. (먹다)

(2) 계단에서 _____ 넘어졌어요. (뛰다)

(3) 교실에서 친구와 _____ 선생님께 혼이 났다. (떠들다)

2. '-다가'를 사용하여 〈보기〉와 같이 문장을 쓰세요.

〈보기〉

게임을 하다, 지각을 하다 ➡ <u>게임을 하다가 지각을 했어요</u>.

(1) 놀이 기구를 타다, 지갑을 잃어버리다

➡ _____.

(2) 휴대 전화를 하면서 걷다, 교통사고가 나다

➡ _____.

(3) 배드민턴을 치다, 팔을 다치다

➡ _____.

1. '-게'를 사용하여 〈보기〉와 같이 문장을 완성하세요.

〈보기〉

눈이 와서 길이 미끄러우니까 <u>넘어지지 않게</u> 조심하세요. (넘어지지 않다)

(1) 감기에 _____ 옷을 따뜻하게 입으세요. (걸리지 않다)

(2) 10명 이상의 사람들이 _____ 음식을 준비해야 해요. (먹을 수 있다)

(3) 반 친구들이 모두 _____ 다시 한번 이야기해 주세요. (이해할 수 있다)

2. 그림을 보고 '-게'를 사용하여 〈보기〉와 같이 문장을 완성하세요.

오빠, 어떤 것을 챙기는 것이 좋을까?

〈보기〉

여권을 <u>잃어버리지 않게</u> 주머니 안에 잘 넣어. (잃어버리지 않다)

(1) 길을 _____ 지도를 꼭 가져가. (찾다)

(2) 아플 때 _____ 약도 넣어 가. (바르다)

1. '-어서/아서/여서'를 사용하여 〈보기〉와 같이 대화를 완성하세요.

> 〈보기〉
>
> 가 : 수업이 끝난 후에 뭐 할 거야?
>
> 나 : 집에 가서 교육 방송을 들을까 해. (가다)

(1) 가: 시간이 있을 때 뭐 해요?

　　나: 친구를 _____ 같이 영화를 봐요. (만나다)

(2) 가: 지금 전화할 수 있어요?

　　나: 아니요. 버스에서 _____ 전화할게요. (내리다)

(3) 가: 은행에 어떻게 가요?

　　나: 길을 _____ 왼쪽으로 가세요. (건너다)

2. '-어서/아서/여서'를 사용하여 〈보기〉와 같이 문장을 쓰세요.

> 〈보기〉
>
> 저기에 앉다, 이야기하다 ➡ 저기에 앉아서 이야기할까요?

(1) 김밥을 만들다, 같이 먹다

➡ _____.

(2) 사진을 찍다, 영수에게 보내다

➡ _____.

(3) 다음 정류장에서 내리다, 버스로 갈아타다

➡ _____?

1. '−은/ㄴ 지'를 사용하여 〈보기〉와 같이 문장을 완성하세요.

〈보기〉

> 초등학교를 졸업한 지 1년이 됐어요. (졸업하다)

(1) 책상을 _____ 얼마 되지 않았는데 더러워졌어요. (닦다)

(2) 사촌 동생이 _____ 100일이 되었어요. (태어나다)

(3) 중국어를 _____ 벌써 3년이 지났어요. (공부하다)

2. '−은/ㄴ 지'를 사용하여 〈보기〉와 같이 문장을 쓰세요.

〈보기〉

> 일주일 전에 친구하고 백화점에서 쇼핑했어요.
> → 친구하고 백화점에서 쇼핑한 지 일주일 됐어요.

(1) 나나는 30분 전에 밥을 먹었어요.

→ _____ .

(2) 와니는 1시간 전에 일어났어요.

→ _____ .

(3) 저는 작년부터 태권도를 배우고 있어요.

→ _____ .

✐ 아는 것에 ✔하세요.

영역	내용			
어휘	☐ 계단	☐ 교통사고	☐ 낫다	☐ 다치다
	☐ 떨어지다	☐ 벽	☐ 비키다	☐ 신호등
	☐ 심다	☐ 열쇠	☐ 온도	☐ 잃어버리다
	☐ 잡다	☐ 줍다	☐ 찾다	☐ 횡단보도
문법	☐ -다가		☐ -게	
	☐ -어서/아서/여서		☐ -은/ㄴ 지	

이삭줍기

쾅 부딪쳐 울리는 소리.

도로에서 자동차가 쾅 부딪쳐서 교통사고가 났어요.
바람이 세게 불어서 문이 쾅 닫혔어요.
무거운 가방이 바닥으로 쾅 떨어졌어요.
밖에서 쾅 소리가 났어요.
영수가 화가 난 것 같아요. 책상을 쾅 쳤어요.

[1-8] 빈칸에 알맞은 것을 고르세요. (각 5점)

1. 이번 달에 민속촌으로 체험학습을 갈 거예요. 봄이지만 좀 _____ 거예요.
   물과 모자를 준비하세요. **#3과 64쪽**
   ① 쉬울　　　　② 더울　　　　③ 비슷할　　　　④ 특별할

2. 다음 주 토요일이 제 생일이에요. 그래서 우리 집에서 _____를 할 거예요. **#1과 32쪽**
   ① 경기　　　　② 연기　　　　③ 파티　　　　④ 문의

3. 혹시 우표 _____ 것을 좋아하세요? 그럼 저희 우표 수집 동호회에 들어오세요.
   ① 모으는　　　　② 정하는　　　　③ 돌려주는　　　　④ 이용하는　　**#5과 104쪽**

4. 시험 문제를 다 _____ 자기 자리에서 기다려야 해요. **#2과 48쪽**
   ① 풀면　　　　② 주우면　　　　③ 심으면　　　　④ 찾아가면

5. 우리 집은 추석에 _____을 많이 만들어. 그래서 예전에는 어떻게 만드는지 몰랐는데
   지금은 잘 만들 수 있어. **#6과 119쪽**
   ① 송편　　　　② 떡국　　　　③ 삼계탕　　　　④ 미역국

6. 사진을 좋아하는 사람들은 사진반으로 오세요. 가입하고 싶은 사람은 _____를
   쓰세요. **#4과 86쪽**
   ① 실수　　　　② 단어　　　　③ 성적표　　　　④ 신청서

7. 가: 피가 많이 나서 걱정된다. 빨리 보건실에 가자.
   나: 보건실까지는 안 가도 될 것 같은데.
   가: 빨리 _____ 돼. **#8과 156쪽**
   ① 긴장해야　　　　② 소개해야　　　　③ 노력해야　　　　④ 치료해야

8. _____는 다른 사람들에게 소식을 알려 주는 일을 합니다. 우리나라 또는
다른 나라에서 중요한 일이 생기거나 사고가 나면 그 장소에 직접 찾아갑니다.
　　① 기자　　　　　② 교사　　　　　③ 변호사　　　　　④ 음악가　**#7과 140쪽**

[9-16] 빈칸에 알맞은 것을 고르세요. (각 5점)

9. 가: 너도 컴퓨터용 사인펜 사야 되지?

　나: 그거 꼭 사야 돼?

　가: 응. OMR 답안지에는 볼펜으로 쓰면 안 _____ 컴퓨터용 사인펜이 있어야 해.
#2과 46쪽

　① 되면서　　　　② 되니까　　　　③ 되지만　　　　④ 되려고

10. 가: 너 기타 칠 수 있어?

　나: 요즘 학교가 _____ 학원에 가서 배우고 있어. **#3과 66쪽**

　① 끝나러　　　② 끝난 후에　　　③ 끝나는 동안　　　④ 끝나기 때문에

11. 가: 너 제주도에 가 봤어?

　나: 응, 가 봤어. 날씨가 _____ 한라산에도 갔어. **#5과 102쪽**

　① 좋지만　　　② 좋거나　　　③ 좋을 때　　　④ 좋지 않고

12. 가: 나는 조용히 앉아서 하는 동아리보다 활동이 많은 동아리에 들어가고 싶어.

　나: 그럼 밴드부에 _____. 동아리 중에서 제일 재미있고 활동도 많아. **#4과 85쪽**

　① 가 봐　　　② 가고 있어　　　③ 간 적이 있어　　　④ 가는 것 같아

13. 가: 무릎은 왜 다쳤어?

　　나: 계단을 _____ 넘어져서 그래. #8과 156쪽

　　① 내려가면　　② 내려가니까　　③ 내려가다가　　④ 내려가려고

14. 가: 친척이 많아서 세배도 많이 해야 되지? 그럼 너 세배 잘하겠다.

　　나: 응. 난 어렸을 때는 세배를 어떻게 하는지 _____ 지금은 잘해. #6과 118쪽

　　① 모르고　　　② 몰랐는데　　③ 모르게 돼서　　④ 몰랐기 때문에

15. 가: 수호는 시간이 나면 보통 뭘 하니?

　　나: 저는 친구들하고 만나서 축구를 _____ 농구를 해요. #7과 138쪽

　　① 해서　　　　② 하거나　　　③ 해 보니까　　④ 할까 하고

16. 가: 와, 음식이 정말 많다. 이걸 다 어머니께서 준비해 주셨어?

　　나: 응. 우리 어머니는 요리사 _____ 요리를 잘하셔. #1과 28쪽

　　① 처럼　　　　② 하고　　　③ 마다　　　④ 께서

[17-18] 다음을 듣고 질문에 답하세요. (각 5점)

17. 대화를 듣고 들은 내용과 <u>다른</u> 것을 고르세요. #5과 100쪽

　　① 남자는 테니스를 잘 쳐요.

　　② 남자는 테니스를 배웠어요.

　　③ 여자는 테니스를 배울 거예요.

　　④ 여자는 테니스를 치고 싶어요.

18. 대화를 듣고 들은 내용과 같은 것을 고르세요. **#7과 136쪽**

　　① 남자는 요리하는 것을 좋아해요.

　　② 두 사람은 어제 같이 학원에 갔어요.

　　③ 남자는 어제부터 요리 학원에 다녀요.

　　④ 남자는 요즘 수업 후에 바쁘지 않아요.

[19-20] 다음을 읽고 질문에 답하세요. (각 5점)

　　　여러분의 취미는 뭐예요? 혹시 우표 모으는 것을 좋아하세요? 그럼 저희 우표 수집 동호회에 들어오세요. 다른 회원들이 모은 옛날 우표나 세계 여러 나라의 우표를 구경할 수 있어요. 또 자신이 가지고 있는 우표를 다른 사람들에게 소개할 수 있어요. 작년에는 미술관에서 우표 전시회를 한 적도 있어요. 저희 동호회는 한 달에 한 번 모여요. 우표 수집을 좋아하는 사람은 동호회에 와 보세요.

19. 이 글을 쓴 이유를 고르세요. **#5과 104쪽**

　　① 우표 전시회를 준비하려고

　　② 우표 수집 동호회를 만들려고

　　③ 우표 수집 동호회를 소개하려고

　　④ 세계 여러 나라의 우표를 모으려고

20. 이 글의 내용과 다른 것을 고르세요. **#5과 104쪽**

　　① 이 동호회의 회원들은 매달 만나요.

　　② 작년에 미술관에서 우표 전시회를 했어요.

　　③ 이 동호회는 요즘에 만든 새 우표를 모으고 있어요.

　　④ 이 동호회에 가면 여러 나라의 우표를 볼 수 있어요.

정답

● 자가 확인

[1–2]
1. ②
2. ③

[3–4]
3. ①
4. ②

[5–8]
5. ②
6. ②
7. ④
8. ①

[9–12]
9. ②
10. ②
11. ③
12. ③

[13–16]
13. ③
14. ④
15. ③
16. ①

[17–18]
17. ③
18. ②

[19–20]
19. ○
20. ✕

● 1과 와니의 생일 파티에 가기로 했어

어휘를 익혀요

1. (1) 추고
   (2) 부를 거야
   (3) 찍자
2. (1) 드렸다
   (2) 드셨다
   (3) 편찮으셔서
   (4) 주무신다 / 주무셨다
3.
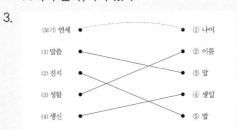

4. (1) 어울려요
   (2) 막혀서
   (3) 문제가
   (4) 아나운서예요

문법을 익혀요 1

1. (1) 읽으세요
   (2) 친절하세요
   (3) 오셨어요
2. (1) 맛있습니다
   (2) 싶습니다
   (3) 께
   (4) 가르쳐 주십니다

문법을 익혀요 2

1. (1) 어울리네요
   (2) 맵네요
   (3) 잘하네요
2. (1) [예시 답안] 창밖에 비가 많이 내리네요
   (2) [예시 답안] 강아지가 귀엽네요

문법을 익혀요 3

1. (1) 오기로 했어
   (2) 먹기로 했어
   (3) 농구를 하기로 했어
2. (1) 다음 달에 휴대 전화를 바꾸기로 했어요
   (2) 방학에 수영을 배우기로 했어요
   (3) 올해 책을 많이 읽기로 했어요

문법을 익혀요 4

1. (1) 호민이처럼
   (2) 우리 학교처럼
   (3) 언니처럼
2. (1) [예시 답안] 천사처럼
   (2) [예시 답안] 농구 선수처럼
   (3) [예시 답안] 인형처럼

●2과 시험 일정을 확인하고 공부 계획을 잘 세우면 돼

어휘를 익혀요

1. (1) 외우세요
   (2) 시험지를
   (3) 푸세요
2. (1) 자신이
   (2) 점수가
   (3) 걱정했다
3.
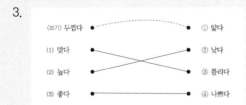

4. (1) 그만하고
   (2) 얘기를
   (3) 세우세요
   (4) 함께

문법을 익혀요 1

1. (1) 친한
   (2) 무서운
   (3) 좋아하는
2. (1) 무거운 짐을 들어요
   (2) 어려운 문제를 풀어요

문법을 익혀요 2

1. (1) 고프니까
   (2) 오니까
   (3) 좋으니까
2. (1) 보니까
   (2) 넓으니까
   (3) 없으니까

문법을 익혀요 3

1. (1) 낮에는 자전거를 타고
   (2) 수학 문제를 다 풀고
   (3) 밥을 먹고
2. (1) 축구를 하고 컴퓨터 게임을 했어요
   (2) 컴퓨터 게임을 하고 점심 식사를 했어요
   (3) 점심 식사를 하고 낮잠을 잤어요

문법을 익혀요 4

1. (1) 올래
   (2) 먹을래
   (3) 가르쳐 줄래요
2. (1) [예시 답안] 자전거를 탈래요
   (2) [예시 답안] 부산으로 여행을 갈래요
   (3) [예시 답안] 화장품을 살래요

●3과 어떤 졸업 선물을 주면 좋아할까?

어휘를 익혀요

1. (1) 방학식을
   (2) 방학 숙제를

(3) 시원한

2. (1) 미술관

   (2) 도시락을

   (3) 쌀쌀하니까

3.

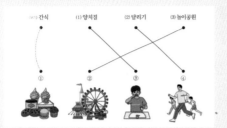

4. (1) 연습을

   (2) 물론

   (3) 개학하는

   (4) 시작되니까

문법을 익혀요 1

1. (1) 여행을 가기 전에

   (2) 문제를 풀기 전에

   (3) 출발하기 전에

2. (1) 물에 들어가기 전에

   (2) 수영을 하기 전에

   (3) 집에 가기 전에

문법을 익혀요 2

1. (1) 산책한 후에

   (2) 읽은 후에

   (3) 만든 후에

2. (1) 공부를 한 후에 음악을 들었어요

   (2) 음악을 들은 후에 책을 읽었어요

   (3) 책을 읽은 후에 잠을 잤어요

문법을 익혀요 3

1. (1) 지우고 있어요

   (2) 요리를 하고 있어요

   (3) 비가 오고 있어요

2. (1) 세인이는 자전거를 타고 있어요

(2) 와니와 호민이는 음식(치킨)을 먹고 있어요

문법을 익혀요 4

1. (1) 있을까

   (2) 잘할까요

   (3) 열까

2. (1) 시험이 어려울까요

   (2) 음식이 맛있을까요

   (3) 친구들이 많이 올까요

●4과 방과 후 수업을 들어 봐

어휘를 익혀요

1. (1) 신청서를

   (2) 내요

   (3) 인원이

2. (1) 신문 방송반

   (2) 밴드부로

   (3) 독서반으로

3.

4. (1) 도움을
   (2) 모르는
   (3) 다닐 거예요
   (4) 표를

문법을 익혀요 1

1. (1) 볼게요
   (2) 먹을게
   (3) 빌려줄게
2. (1) 기사를 쓸게
   (2) 인터뷰를 할게

문법을 익혀요 2

1. (1) 잘까 해
   (2) 배울까 해
   (3) 갈아입을까 해
2. (1) [예시 답안] 꽃을 드릴까 해
   (2) [예시 답안] 놀이공원에 갈까 해
   (3) [예시 답안] 9시까지 있을까 해

문법을 익혀요 3

1. (1) 가 봐
   (2) 마셔 봐
   (3) 들어 봐
2. (1) 한복을 입어 보세요
   (2) 사진을 찍어 보세요
   (3) 비빔밥을 먹어 보세요

문법을 익혀요 4

1. (1) 먹지 못했어
   (2) 사지 못했어
   (3) 가지 못했어
2. (1) 열쇠가 없어서 들어가지 못해요
   (2) 가방이 너무 무거워서 들지 못해요

●5과 제주도에 가 봤어?

어휘를 익혀요

1. (1) 등산을 할
   (2) 낚시를 할
2. (1) 쳐요
   (2) 독서를
   (3) 그려요
3.

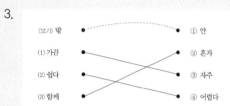

4. (1) 경기를
   (2) 유명한
   (3) 콘서트
   (4) 달라요

문법을 익혀요 1

1. (1) 만들어 봤어요
   (2) 읽어 봤어요
   (3) 가 봤어요
2. (1) 기타를 배워 봤어요
   (2) 닭갈비를 먹어 보지 못했어요
   (3) 스케이트장에 가 봤어요

문법을 익혀요 2

1. (1) 지각한 적이 없어요
   (2) 태권도를 배운 적이 있어요
   (3) 들은 적이 있어요
2. (1) 떡볶이를 먹어 본 적이 없어요
   (2) 한복을 입어 본 적이 있어요
   (3) 제주도에 가 본 적이 없어요

문법을 익혀요 3

1. (1) 시험을 볼 때

(2) 배고플 때

(3) 초등학교에 다닐 때

2. (1) 학교에 갈 때

(2) 전화를 받을 때

문법을 익혀요 4

1. (1) 잡채를 만들 줄 몰라요

(2) 할 줄 알아요

(3) 탈 줄 알아

2. (1) 저는 중국어를 할 줄 알아요/저는 중국어를 할 줄 몰라요

(2) 한국 노래를 부를 줄 알아요/한국 노래를 부를 줄 몰라요

(3) 한글을 읽을 줄 알아요/한글을 읽을 줄 몰라요

●**6과 추석에 송편을 만들었는데 재미있었어**

어휘를 익혀요

1. (1) 친척

(2) 차례를

(3) 떡국을

2. (1) 어버이날

(2) 스승의 날

(3) 어린이날

3.

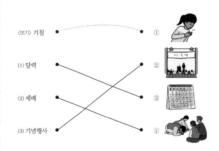

4. (1) 세종대왕은

(2) 대회

(3) 땀을

(4) 비밀이니까

문법을 익혀요 1

1. (1) 있기 때문에

(2) 춥기 때문에

(3) 시험 기간이기 때문에

2. (1) 밖이 시끄럽기 때문에 창문을 닫았어요

(2) 비가 많이 오기 때문에 소풍을 못 갔어요

(3) 다음 주 월요일이 어머니의 생신이기 때문에 선물을 샀어요

문법을 익혀요 2

1. (1) 배가 아픈 것 같아

(2) 좋아하는 것 같아요

(3) 싸운 것 같아요

2. (1) [예시 답안] 발표를 하려고 손을 드는 것 같아요

(2) [예시 답안] 칠판을 지우고 있는 것 같아요

문법을 익혀요 3

1. (1) 봤는데

(2) 싼데

(3) 좋아하는데

2. (1) 요즘 한국어를 배우는데 재미있어요

(2) 숙제가 어려운데 도와주세요

(3) 지난주에 체험학습을 갔는데 사람이 많았어요

문법을 익혀요 4

1. (1) 나가는지 알아요/몰라요

(2) 갈아입는지 알아요/몰라요

(3) 만드는지 알아요/몰라요

2. (1) 가는지 알아요

(2) 가입하는지 알아요

(3) 누군지 몰라요

●7과 수영 연습을 하려고 시간이 날 때마다 수영장에 가요

어휘를 익혀요

1. (1) 의사
   (2) 경찰
   (3) 군인
2. (1) 가수가
   (2) 화가가
   (3) 요리사가
3.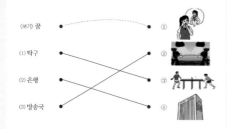
4. (1) 노력하면
   (2) 찾았어요
   (3) 다양한

문법을 익혀요 1

1. (1) 쓰게 되었어요
   (2) 헤어지게 되었어요
   (3) 풀 수 있게 되었어요
2. (1) 달리기를 잘해서 체육 대회에 나가게 되었어요
   (2) 비가 많이 내려서 등산을 못 가게 되었어요
   (3) 아파서 결석하게 되었어요

문법을 익혀요 2

1. (1) 물어보려고
   (2) 사려고
   (3) 먹으려고
2.

(1) 영화를 보려고 영화표를 샀어요
(2) 청소를 하려고 창문을 열었어요
(3) 가족사진을 찍으려고 사진관에 갔어요

문법을 익혀요 3

1. (1) 걸어서 가거나 버스를 타요
   (2) 방과 후 수업을 듣거나 학원에 다닐 거야
   (3) 아프거나 슬플 때 보고 싶어
2. (1) [예시 답안] 집에서 쉬거나 학원에 가요
   (2) [예시 답안] 약을 먹거나 병원에 가요
   (3) [예시 답안] 노래를 부르거나 춤을 춰요

문법을 익혀요 4

1. (1) 더러워졌어요
   (2) 편해졌어요
   (3) 많아졌어요
2. (1) 깨끗해졌어요
   (2) 작아졌어요

●8과 축구하다가 넘어졌어

어휘를 익혀요

1. (1) 다쳐서
   (2) 횡단보도
   (3) 신호등
2. (1) 잃어버렸습니다
   (2) 떨어진
   (3) 주우신
3.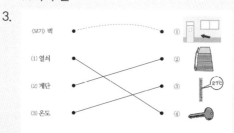
4. (1) 비켜 줘

(2) 심으신

(3) 잡으세요

문법을 익혀요 1

1. (1) 먹다가

   (2) 뛰다가

   (3) 떠들다가

2. (1) 놀이 기구를 타다가 지갑을 잃어버렸어요

   (2) 휴대 전화를 하면서 걷다가 교통사고가 났어요

   (3) 배드민턴을 치다가 팔을 다쳤어요

문법을 익혀요 2

1. (1) 걸리지 않게

   (2) 먹을 수 있게

   (3) 이해할 수 있게

2. (1) 찾게

   (2) 바르게

문법을 익혀요 3

1. (1) 만나서

   (2) 내려서

   (3) 건너서

2. (1) 김밥을 만들어서 같이 먹어요

   (2) 사진을 찍어서 영수에게 보냈어요

   (3) 다음 정류장에서 내려서 버스로 갈아탈까요

문법을 익혀요 4

1. (1) 닦은 지

   (2) 태어난 지

   (3) 공부한 지

2. (1) 나나는 밥을 먹은 지 30분 됐어요

   (2) 와니는 일어난 지 1시간 됐어요

   (3) 저는 태권도를 배운 지 1년 됐어요

●**종합 연습**

[1–8]

1. ②

2. ③

3. ①

4. ①

5. ①

6. ④

7. ④

8. ①

[9–16]

9. ②

10. ②

11. ③

12. ①

13. ③

14. ②

15. ②

16. ①

[17–18]

17. ①

18. ①

[19–20]

19. ③

20. ③

기획·담당 연구원 ─

정혜선 국립국어원 학예연구사
이승지 국립국어원 연구원
박지수 국립국어원 연구원

집필진 ─
책임 집필

심혜령 배재대학교 국어국문·한국어교육학과 교수

공동 집필
내용 집필

박석준 배재대학교 국어국문·한국어교육학과 교수
김윤주 한성대학교 크리에이티브인문학부 교수
문정현 배재대학교 미래역량교육부 교수
이미향 영남대학교 국제학부 교수
이숙진 경희대학교 국제교육원 강사
이은영 전북대학교 언어교육부 강사
홍종명 한국외국어대학교 한국어교육과 교수
오현아 강원대학교 국어교육과 교수
이선중 경희대학교 국제교육원 객원교수
황성은 배재대학교 글로벌교육부 교수

연구 보조원

김경미 건양대학교 국제교류원 한국어교육센터 강사
김세정 한남대학교 한국어학원 강사
최성렬 호서대학교 한국어학당 강사
김미영 우석대학교 한국어교육지원센터 강사
박현경 명지대학교 국제교류원 강사
이창석 배재대학교 한국어교육학과 석사 수료
주명진 인천영종고등학교 교사
김진희 대구북동중학교 교사

내용 검토

조영철 인천담방초등학교 교사
송정희 대덕중학교 교사

중고등학생을 위한
표준 한국어 익힘책
의사소통 2

ⓒ 국립국어원 기획 | 심혜령 외 집필

초판 1쇄 발행 | 2020년 1월 20일
초판 5쇄 발행 | 2024년 7월 2일

기획 | 국립국어원
지은이 | 심혜령 외
발행인 | 정은영
책임 편집 | 한미경
디자인 | 허석원, 이경진
일러스트 | 조은혜
사진 제공 | 셔터스톡

펴낸 곳 | 마리북스
출판 등록 | 제2019-000292호
주소 | (04037) 서울특별시 마포구 양화로 59 화승리버스텔 503호
전화 | 02)336-0729   팩스 | 070)7610-2870   이메일 | mari@maribooks.com
인쇄 | (주)신우인쇄

ISBN 979-11-89943-14-1 (54710)
     979-11-89943-09-7 (set)